Moriz Crain

Ueber die Composition der Plautinischen Cantica

Nebst Beitragen zur Kritik derselben

Moriz Crain

Ueber die Composition der Plautinischen Cantica
Nebst Beitragen zur Kritik derselben

ISBN/EAN: 9783743412835

Hergestellt in Europa, USA, Kanada, Australien, Japan

Cover: Foto ©berggeist007 / pixelio.de

Manufactured and distributed by brebook publishing software
(www.brebook.com)

Moriz Crain

Ueber die Composition der Plautinischen Cantica

UEBER DIE COMPOSITION

DER

PLAUTINISCHEN CANTICA

NEBST

BEITRAEGEN ZUR KRITIK DERSELBEN.

VON

MORIZ CRAIN,
OBERLEHRER AM KOENIGL. WILHELMS-GYMNASIUM ZU BERLIN.

BERLIN.

VERLAG VON L. STEINTHAL.

1865.

MEINEM VATER

PROFESSOR Dr. CARL FERDINAND CRAIN,

RECTOR EMER.

DER GROSSEN STADTSCHULE ZU WISMAR.

UEBER DIE COMPOSITION

DER

PLAUTINISCHEN CANTICA.

Es ist neuerdings von verschiedenen Seiten her der Versuch gemacht worden, in der kritischen Behandlung der in wechselnden Versmassen geschriebenen Scenen des Plautus über den Standpunkt Ritschl's hinauszugehen, und einerseits der Ueberlieferung gegenüber conservativere Grundsätze in Anwendung zu bringen, anderseits in der Feststellung der Metra grössere Sicherheit zu gewinnen. In der That ist nicht zu leugnen und zuerst von Ritschl selbst im 18. Capitel seiner Prolegomenen zum Trinummus offen ausgesprochen, dass die von ihm herrührende Reconstruction der genannten Partien noch manchen, zum Theil nicht unwichtigen Bedenken unterliegt. Manche der aufgenommenen Conjecturen verdanken lediglich irgend einem äussern metrischen Grunde ihre Entstehung, ohne durch innere Wahrscheinlichkeit von Seiten des Sinnes besonders empfohlen zu sein. Und dabei ist doch durchaus noch kein Text gewonnen, der nun von metrischem Standpunkte betrachtet, allen Ansprüchen Genüge leistete; in buntem Wechsel sehen wir auch noch in der Ritschl'schen Ausgabe in manchen Scenen die verschiedenartigsten Verse zu einem Ganzen vereinigt, ein Princip der Composition vermögen wir nicht zu erkennen. Es kann und soll dies kein Vorwurf gegen den grossen, um Plautus so hoch verdienten Kritiker sein; es lag in der überaus grossen Schwierigkeit der Aufgabe, dass sie nicht sofort vollständig gelöst werden konnte. Und es bleibt das nicht hoch genug anzuschlagende Verdienst Ritschl's, abgesehen von der mühevollen Herbeischaffung des kritischen Materials, dass er im Anschlusse an

Bentley und Gottfried Hermann zuerst in umfassender und streng
methodischer Weise die Verschiedenheit der Plautinischen Quantitätsgesetze von denen der Augusteischen Poesie dargelegt und im
einzelnen scharf zu bestimmen versucht hat. Wo dann seine Darstellung noch weniger richtig gewesen, hat entweder er selbst
später das Bessere gefunden oder die von Anderen, namentlich
von Fleckeisen erkannten Gesetze aufgenommen, zum Theil noch
genauer begränzt. Endlich hat Corssen, was Ritschl und Fleckeisen als feststehende Thatsachen erwiesen hatten, aber bei ihrer
ästhetisch-künstlerischen Auffassung der Sprache als bewusste
Freiheit des Dichters anzusehen geneigt waren, in seinem Werke
über Aussprache, Vokalismus und Betonung der Lateinischen
Sprache als auf der noch nicht nach Griechischem Muster ge-
schulten Aussprache des Volkes beruhend in überzeugender Weise
nachgewiesen. Was die Messung der Plautinischen iambischen
und trochäischen Senare, Septenare und Octonare anlangt, giebt
es demnach in der That kaum noch einige prosodische Fragen,
welche heute zweifelhaft sind, und ich verweise in dieser Hinsicht
einfach auf die kurze Uebersicht in der Einleitung zur Ausgabe
des Trinummus von Brix. Da nun über die genannten Metren
selbst kaum je ein Irrthum walten kann, so könnte ich den Streit
über die Grundsätze der Kritik der in diesen Versmassen allein
geschriebenen Scenen im wesentlichen abgeschlossen nennen, wenn
ich nicht zu meiner Verwunderung sähe, dass Fleckeisen noch
neulich in seinen „Kritischen Miscellen" (Leipzig 1864) S. 18 an
dem Verbote Ritschl's, die Ultima einer daktylischen oder dakty-
lisch schliessenden Wortform vom Versictus getroffen werden zu
lassen, festhält. (Oxytonierung würde ich es doch lieber nicht
nennen: dieser Ausdruck bezieht sich auf den Accent des Wortes,
d. h. auf die Tonhöhe, der Versictus bezeichnet die Intention der
Stimme im Vortrage des Verses. Auch in der Wahl solcher Aus-
drücke halte ich Genauigkeit für wünschenswerth.) Doch da dächte
ich, sollte doch endlich die Lehre von der Uebereinstimmung von
Versictus und Wortaccent, worauf dieses Ritschl'sche Verbot be-
ruht, schon früher von Franz Ritter angefochten, dann von

Boeckh verworfen (s. die Monatsberichte der K. Preuss. Akademie
der Wissensch. Mai 1854. S. 270 ff.), durch Corssens Untersuchungen für beseitigt gelten dürfen. Sie consequent durchzu-
führen ist ja auch Ritschl nicht gelungen (vgl. meine Beiträge
zur Kritik des Plautus im Philologus IX S. 655 ff.), und ist doch
die einzige äussere Stütze, die derselben ihr Urheber Bentley einst
mit auf den Weg gegeben, die Stelle des Gellius XVIII, 15, von
ihm (vgl. a. O. S. 662) unvollständig angeführt und misverstanden.

Doch sei dies, wie es wolle, anders steht es, wie oben angedeutet, mit den in wechselnden Versmassen verfassten Partien.
Hier herrscht noch mancher Zweifel und manche Unsicherheit,
und ein jeder Versuch hier zu grösserer Klarheit zu gelangen,
muss demnach, wenn anders Fleiss und redlicher Wille des Ur-
hebers zu erkennen ist, mit Freuden willkommen geheissen werden.
Diese Eigenschaften lassen sich auch der Schrift W. Studemunds
(De canticis Plautinis. Berolini 1864) gewiss nicht absprechen,
wie sie denn auch von Brix in seiner Recension derselben in
vollem Masse anerkannt sind. Wenn aber Brix auch die Resultate
Studemunds im grossen und ganzen für annehmbar erklärt hat,
so muss ich ihm hierin leider widersprechen. Es wird mir schwer
es zu sagen, zumal mir die vom Verfasser selbst freundlichst zu-
gesandte Schrift die willkommene Veranlassung zur Wiederauf-
nahme meiner Plautinischen Studien geworden ist, ich kann aber
doch um der Wahrheit willen aus meiner Ueberzeugung kein Hehl
machen, Studemunds Arbeit ist ein entschiedener Rückschritt auf
dem Wege zur Erkennung und Feststellung der in Rede stehenden
Versmasse. Denn anstatt sich auf Ritschl's und Fleckeisen's Schul-
tern zu stellen und die Grundsätze der Plautinischen Prosodie,
wie sie von ihnen für die iambisch-trochäischen Partien festgestellt
von Corssen, wie berührt, als Eigenthümlichkeit der Volkssprache
zu Plautus Zeit nachgewiesen sind, zur Grundlage seiner weitern
Untersuchungen zu machen, daneben Ritschl's Unterscheidung von
freieren und minder freien Metren wenigstens für die Praxis zu
adoptieren, hat Studemund gerade umgekehrt für die Cantica die
strengen Grundsätze der nachennianischen Prosodie gewählt. In-

dem er dann ferner in hyperconservativer Weise sich an die handschriftliche Ueberlieferung anlehnt, namentlich auch die Vers-
abtheilungen der Handschriften nach Möglichkeit zu halten sucht
und endlich von der Annahme einer Syncope einen mindestens zu
weit gehenden Gebrauch macht, ist er zur Annahme einer Fülle
von Versen und Versarten gekommen, die er dann in regellosem
Wechsel mit einander verbunden sein lässt, so dass schliesslich
bei ihm die betreffenden Partien den Charakter von Versen, d. h.
von ge bu n d e n e r Rede fast völlig verlieren.

Einen andern, besseren Weg haben Spengel (De versuum
creticorum usu Plautino. Berolini 1861) und Seyffert (De bacchia-
corum versuum usu Plautino. Berolini 1864) eingeschlagen. Aus-
gehend von dem gewiss richtigen Grundsatze, dass die möglichst
genaue Erforschung der einzelnen Metren für sich dem Ganzen
förderlich sein müsse, haben sie, jener die cretischen, dieser die
bacchischen Verse sorgfältiger Prüfung unterzogen und beide, namentlich aber Spengel, höchst verdienstliches geleistet. Nun aber
ist der Text, wie ihn unsere Handschriften bieten, so vielfach verderbt, dass, wie ja auch die Behandlung der iambisch-trochäischen
Partien so häufig gezeigt hat, erst die Erkenntnis des Metrums
die Corruptelen der einzelnen Worte, die Lücken und die Glossen
erkennen lässt, also ohne Kenntnis der Metren sich der Text
gar nicht mit Sicherheit herstellen lässt. So laufen wir denn, so
lange über die Metren selbst Unsicherheit herrscht, Gefahr für
Verse auszugeben, was nur Theile von Versen, sei es eines oder
mehrerer, sind oder was wenigstens in dieser Gestalt nicht von
der Hand des Dichters ist. Wie soll nun aber hier das Richtige
gefunden werden, wie sollen wir ohne sichere Kenntnis der Metren
den Text herstellen, wie ohne vorhergängige Reinigung des Textes
die Metren erschliessen. Es wird, wie so häufig bei wissenschaft-
lichen Untersuchungen, von beiden Seiten her gearbeitet werden
müssen, dann trifft man sich endlich wohl in der Mitte. Wenigstens glaube ich mir den Dank der Freunde des Dichters erwerben
zu können, wenn ich im folgenden wieder einmal den Versuch
mache nach möglichst genauer und eindringender Interpretation

des Textes einzelner Cantica diese selbst erst herzustellen und dann mit möglichst wenig nur zu Gunsten der erst zu erschliessenden Metren gemachten Aenderungen die meines Erachtens Gesetz und Ordnung erkennen lassende metrische Composition der Cantica darzulegen. Wenn ich hierbei nicht alle von Andern versuchten Textesheilungen berücksichtige, so glaube ich durch meine eigene Restitution gerechtfertigt zu werden, und ich weiss auch wahrlich nicht, welchen Nutzen es haben soll, Conjecturen, welche auf anderen, in meinen Augen falschen, wenigstens nicht erwiesenen Prämissen beruhen, mögen sie das Metrum oder Sinn und Zusammenhang betreffen, alle einzeln ausdrücklich als falsch zu bezeichnen. Wo ich dagegen durch Andere mich gefördert sah, habe ich es zu erwähnen für Pflicht der Dankbarkeit gehalten. Ich bahne mir den Weg, indem ich zunächst einige in den Handschriften fast ganz unverderbt vorliegende Scenen behandle. Ich beginne mit

Men. 110—122.

ní mala, ni stúlta sis, ni índomita impósque animi.   110
quód viro esse odió videas, túte, tibi odio habeas.
praéterhac si mihi tále post húnc diem
fáxis, faxó foris vídua visás patrem.
nám quoticus forás abire vólo, me retines, révocas, rogitas:
quó ego eam, quám rem agam, quíd negoti geram,   115
quíd petam, quíd feram, quíd foris égerim.
pórtitorém domum dúxi: ita omném mihi
rém necesse éloquist, quídquid egi átque ago.
nímium ego te hábui délicatam. núnc adeo, ut factúrus, dicam.
quando égo tibi ancillás, penum, lanam, aúrum, vestem, púrpuram   120
bene praébeo nec quicquam eges, maló cavebis, sí sapis.
virum óbservare désines.

Gegen die Handschriften habe ich V. 118 Ritschl's Umstellung von *est* aufgenommen; seinen übrigen Aenderungen kann ich nicht zustimmen. Zunächst erkenne ich nämlich in der von Ritschl gewaltsam geänderten Ueberlieferung V. 111 einen regelrechten cre-

tischen Tetrameter; wie *dedisse*, wenn der Ictus nicht die vorletzte Silbe trifft, als Tribrachys gemessen werden darf (Amph. 761,
Pseud. 990, Cist. 1. 3. 34. in welchem Verse ich den durch In-
terpunction geschützten Hiatus vertheidige), so hier *ciro esse;*
gleiche Beispiele sind Bacch. 616 *ego esse*, Most. 95 *ita esse*,
Pseud. 1264 *ibi esse*. 1302 *potesse*. Was zweitens den Ictus auf
der Paenultima von *odio* anlangt, so wird die Möglichkeit dieser
Betonung nicht geläugnet werden können, eben so wenig hier im
anapästischen Wortfuss wie z. B. im Tribrachys *validus* Men. 877
oder *facére* Bacch. 653, noch im dactylisch zu messenden Creticus
impróbi Stich. 43 vgl. Bacch. 618 *aequius;* vgl. Corssen a. O. II.
S. 460. Entscheidend ist aber für mich die feine Bemerkung
G. Hermanns de R. Bentleio ejusque edit. Ter. p. XXX (ich citire
nach dem Abdruck bei Vollbehr): *ubi repetiti verbi vel major est,
vel minor vis, vel quocunque denique modo alia ratio, etiam pro-
nuntiari debet aliter*, wo ich nur für *debet* ein *solet* wünschte.
Denn während im ersten Gliede der logische Ton auf *ciro* liegt,
so fällt er im zweiten auf *odio* („was deinen Mann du hassen
siehst, das hasse du“). Aus demselben Grunde messe ich
Trin. 235 *itá faciam, ita placét,* eine iambische Tripodie, oder
289 *quód manu nequeunt, tángere tantum fás habent quo mánus
abstineant* mit veränderter Betonung von *ita* und *manus*. Ein
weiteres Beispiel füge ich den von Hermann gesammelten aus der
Mostellaria hinzu V. 11 f., wo es mit auch grammatischer Verän-
derung heisst, *sine modo advéniat sener — sine módo venire
salvom:* hier liegt der Ton zuerst auf *advéniat*, dann auf *salvom*.
V. 114 schien mir *foras abíre* statt *foras ire* die leichteste Aenderung, Ritschl hat *ego* eingeschoben. V. 117 endlich nehme ich
in *nimium* Synizese an und vergleiche für dieselbe die von Lachmann z. Lucrez S. 130 gebilligte, von Andern mit Unrecht ge-
änderte Stelle Trin. 804 *continuo operito dénuo*. Vgl. hierüber
meine Plautinischen Studien (Osterprogramm des Pädagogiums zu
Putbus 1858) S. 2 ff.

Die Composition ist durchaus einfach: acatalectische cretische
Tetrameter wechseln mit trochäischen und iambischen Septenaren

und Octonaren, eine Clausel schliesst das Ganze. An antistrophische Composition ist nicht zu denken, wenigstens vermisse ich weitere bestätigende Scenen im Plautus.

Sehr ähnlich ist diesem Canticum, indem nur noch eine neue Versart hinzutritt, nämlich der cretische Dimeter mit angehängter trochäischer Tripodie,

Bacch. 640 — 667.

húnc hominem decet aúro expendi: huic státuam statui décet ex auro. 640
nám duplex hodie fácinus feci, dúplicibus spoliís sum adfectus.
érum majorem méum ut ego hodie hísi lepide, ut lúdificatust.
    cállidum illúm senem cállidis dolis
      cómpuli et pérpuli, mi ómnia ut créderet.
núnc amanti ero, filio senis, quicum ego bibo, quicum édo et amo, 645
    régias cópias aúreasque óbtuli,
      út domo súmeret neú foris quaéreret.
    nóu mihi isti placent Pármenonés, Syri,
      quí duas aut tris̄ minas aúferunt eris. 650
néquius nihil ést quam ĕgens consiliis servos, nísi is habet
multípotens pectus, úbicumque usust, péctore expromát suo.
nullús frugi esse pótest homo nisi qui ét bene et male facére tenet, 655
    improbis improbus sit, hárpaget fúribus,
furétur quod queát; set vorsipéllem frugi cónvenit
esse hóminem, pectus quoi sapit, bónus sít bonis, malus sít malis. 660
    sét lubet scíre, quantum aúrum erus sibi
    démpsit et quíd suo réddidit patri.
    si frugist, Hérculem fécit ex patre: 665
    décumam partem ei dedit, síbi novem abstulit.
    sét quem quaero, óptume ecce óbviam mihist.

Ich verzeichne mit Uebergehung leichter Schreibfehler, welche allerdings in eine grosse kritische Ausgabe gehören, hier aber irrelevant sind, meine Textesänderungen. V. 640 habe ich *statuam statui decet* mit Hermann umgestellt für *decet statuam statui*, V. 641 den Iambus *duplex* als Pyrrhichius gemessen. Dann habe ich

V. 644 *illum*, welches hinter *callidum* leicht ausfallen konnte, zugesetzt, da ich, sonst ein Gegner von Aenderungen aus Gründen
des erst zu erschliessenden Metrums, doch hier die durch keinen
weiteren Vers desselben Canticum belegte gedoppelte catalectische
trochäische Tripodie nicht anerkennen konnte. Für Ritschl's Restitution lag freilich ein solcher vor in der ersten Hälfte von
V 645, doch war er dann genöthigt in der zweiten Hälfte dieses
Verses einen ebensowenig zu rechtfertigenden iambischen Dimeter
zu statuieren. Diesem bin ich entgangen durch Anerkennung von
ero und *senis* als zweier Pyrrhichien, was ich wohl nicht weiter
zu belegen nöthig habe. V. 650 ist an der Synizese in *duas* kein
Anstoss zu nehmen vgl. z. B. Trin. 775: einen ähnlichen Fall
Trin. 294 *(imbuas)* werde ich unten erweisen. V. 652 habe ich
mit Ritschl *is* zugesetzt: *usust*, wie ich für *usus siet* geschrieben,
verlangte schon die regelmässige Syntax, von der Plautus keineswegs so weit abweicht, als manche heute zu glauben scheinen.
V. 656 haben die Handschriften *cum* hinter *improbis*, was auch
vorgestellt vom Sinne zurückgewiesen wird; ich vermuthe, dass es
ein Zusatz ist derselben Hand, welche die Worte, aus denen Ritschl
durch Aenderung V. 662 gebildet, geschrieben hat: *ut quccumque
res sit ita animum habeat.* Der Schreiber hat freilich den Zusammenhang unserer Stelle gar nicht verstanden. Chrysalus will
nämlich sagen, einem guten Herrn müsse man treu sein, einen
schlechten, wie den seinen (*callidum senem* V. 643) bestehlen;
man müsse sich nämlich stets nach den Menschen, mit denen man
umgehe, richten und ihnen, wie er gethan, (*callidis dolis*) mit
gleicher Münze zahlen; wie passt dahin das Wort *res*, *homo* hätte
es heissen müssen oder *erus*. Endlich habe ich V. 657 *set* hinzu-
gesetzt. ohne gerade auf das Wort schwören zu wollen, indessen
musste ich die Lücke im Verse beseitigen. Den Beweis für die
Richtigkeit meiner Restitution des Metrums finde ich übrigens in
der Einfachheit desselben.

Ganz dieselben Versmasse finde ich wieder, abgesehen dass
ihnen bacchische Tetrameter mit an passenden Stellen angebrachten
Clauseln beigegeben sind,

Most. 85 — 156.

recórdatus múltum sum et diú cogitávi   ᵺᵹ
argúmentaque ín pectus múlta institívi,
ego átque in meó corde, síst quod mihí cor,
eám rem volútavi et diú disputávi,
hominém quoius réi, quandó matre natust,
similem ésse arbitrárer simulácrumque habérem.   ᵺᵹb
     id répperi jam exémplum.   ⁹⁰
novárum aedium ésse arbitrór similem ego hóminem,
quando híc natus ést. ei rei argúmenta dícam.
atque hóc haut vidétur verí simile vóbis?
at prófecto ita esse út praedicó vera víncam.   ⁹ᵹ
atque hóc vosmet ípsi, sció, proinde utí nunc
ego ésse autumó, quando dícta audiétis
     mea, áliter hau dicétis.
auscúltate, argúmenta dúm dico ad hánc rem:
simúl gnarurís vos volo ésse hanc rem mécum.   ¹⁰⁰
aedés quom extempló sunt parátae, expolítae,
     factaé probe examússim:
laudánt fabrum atque aedés probant: sibi quísque inde exemplum
                           éxpetunt.
sibi quísque similis vólt suo sumptu: óperam non parcúnt suam.
     átque ubi illo ínmigrat néquam homo indíligens,   ¹⁰ᵹ
     cúm pigra fámilia, inmúndus, instrénuos,
his jam aédibus vitium ádditur, bonaé quom curantúr male.
     átque illut saépe fit: témpestas venit
     cónfringit tégulas ímbricesque: ibi
     dóminus indíligens réddere aliás nevolt.   ¹¹⁰
     vénit imber, pérlavit párietes, pérpluont
     tígna, putéfacit áer operám fabri:
     néquior fáctus jamst úsus aedium.
     átque ea haut ést fabri cúlpa, set mágna pars
mórem hunc induxérunt: si quid númmo sarcirí potest,   ¹¹ᵹ
     úsque mantánt neque id sárciunt, dónicum

páriete~ ruont: tum aédificantur aédes totae dénuo.

haec árgumenta ego aédificiis díxi: nunc etiám volo

dícere, ut homines aédium esse similis arbitrémini.

120   primúndum paréntes fabrí liberúm sunt.

ei fúndamentúm substruónt liberórum,

extóllunt, paránt sedulo in firmitátem,

126   expóliunt, docént litterás, jura, léges

127. 124   suo súmptu et labóre; sibíque aut matériae

124 125   nepárcunt, nec súmptus sibi súmptui esse dúcunt,

123   ut in úsum boni sint et in speciem pópulo.

nitúntur ut alii sibi esse illórum similis éxpetant.

sét ubi liberi ádolevere, ad légionem mittúnt eos;

130 ádminiculum eís danunt tum jam áliquem cognatúm suum.

prótenus abeunt á fabris, ubi unum émeritumust stipéndium,

igitúr tum specimen cérnitur, quo evéniat aedificátio.

nám ego ad illúd frugi usque ét probus fui,

in fabrorúm potestáte dum fui.

135   póstea, quom ímmigravi íngenium in meum,

pérdidi operám fabrorum ílico oppido.

vénit ignávia, ea mihi tempestás fuit:

haéc verecúndiam mi ét virtutis modum

140   déturbavít detexítque de me ílico.

póstilla obtígere eam néglegens fui.

cóntinuo pro ímbre amor advénit in cór meum.

is úsque in pectus pérmanavit, pérmadefecit cór meum.

núnc simul rés, fides, fáma, virtús, decus

145 déseruerunt: égo sum in usu fáctus nimio néquior

atque édepol ita haec tigna úmide putént, ut non videár mihi

sarcíre posse aedés meas, quin tótae perpetuaé ruant,

quom fúndamenta périerint, nec quísquam esse auxilió queat.

Cór dolet, quóm scio, ut núnc sum atque ut fui

150   quó neque indústrior dé juventúte erat

árte gymnástica, dísco, hastis, pila:

cúrsu, armís, equo víctitabám volup).

pársimonia ét duritia díscipulinae aliís cram:
óptumi quique éxpetebant á me doctrinám sibi:
núnc postquam nihilí sum, id vero meópte ingenio répperi.

155

Auch in diesem Canticum bin ich natürlich in mehreren
Punkten von den Handschriften abgewichen; zuerst bemerke ich
jedoch, dass ich eine ganze Reihe von Versen, die von Ritschl in
eckige Klammern gesetzt waren, dem Plautus zurückgegeben habe.
Wenn Ritschl in seiner Ausgabe bemerkt, *ipsius Plauti sermo di-
latatus est simili loquacitate atque qua prologi non Plautini lan-
guent*, so will ich nicht leugnen, dass irgend einer der Verse spä-
terer Einschub sein kann, aber ich vermisse äussere Gründe,
welche mich bestimmen könnten; was es mit den innern Gründen
auf sich hat, mag man aus Ritschl's eigener Beurtheilung in den
Parerga Plautina S. 483 f. schliessen. Hier lesen wir, *diligenter
autem cavendum, ne cum apertis glossematis, quae in versus for-
mam abierunt, ea exempla confundantur, cum similibus verbis,
sed iis etiam fortioribus, eadem sententia non repetitur potius
quam intenditur et confirmatur: id quod in illum ipsum versum
(94) cadit ut quod maxime, minusque etiam offensionis in ea ora-
tione habet, quam non sine verbosa quadam loquacitate, minime
illa a Plautino ingenio aliena, Philolaches pertexuit.* Ich glaube,
als Ritschl dies schrieb, urtheilte er richtiger als später. Nur in
dem einen Punkte weiche ich ab, dass ich gerade den behandelten
Vers für ein Glossem halte, oder vielmehr so muss ich sagen, die
betreffenden Worte sind eben kein Vers. Wir lesen nämlich in
den Handschriften V. 93 — 95 folgendermassen:

> atque hóc haut vidétur verí simile vóbis:
> at ego id faciam esse ita ut credatis
> profecto ita esse ut predico vera vincam etc.

Ritschl hat nun mit Hermann V. 94 *ita esse* umgestellt, V. 95
esse ita, dadurch ist freilich V. 95 zum Tetrameter geworden,
V. 94 aber ein Trimeter, der nach der Herstellung von 123 — 127
durch kein Beispiel in unserm Canticum geschützt wird. Ich habe
es daher vorgezogen *ego id faciam esse ita ut credatis* als Glosse

des folgenden Verses anzuerkennen und nun diesen durch Vorsetzung des *at* ohne Umstellung zu ergänzen. Dass *ita esse* ein
Tribachys sein könne, habe ich oben zu Men. 111 schon bemerkt.
Die alte Länge der ersten Silbe von *profecto*, die an sich nichts
anstössiges hat und nur dem den Augusteischen Dichtergebrauch
allein kennenden auffällt, zeigt auch ein Vers des Mil. Glor., der
im Ambrosianus hinter 185 gelesen wird und von Ritschl mit
Unrecht für eine Glosse gehalten ist: man streiche nur *de* vor
ingenio und schreibe ihn mit dem folgenden: .
prófecto ne quóquam ingenio dégrediatur múliebri
eárumque artem et disciplinam apstineat colere. quemádmodum?

Earum bezieht sich auf das in *muliebri* schlummernde *mu-
lierum;* zu ändern ist dies aber nicht. Auch im übrigen verzeichne
ich der Kürze halber für dieses Canticum nur meine Abweichungen von Ritschl, nicht von den Handschriften. V. 89 ist *matre*
vor *natust* von mir des Metrums wegen gemachter Zusatz, doch
glaube ich, gerade nicht unwahrscheinlich; dass ich dann im folgenden Verse Hermanns *haberem* statt *habere* aufnehmen musste, ist
selbstverständlich. Dann bieten die Handschriften V. 107 *hic* für *his*,
wie ich geschrieben habe. *Sarciunt* V. 116 für das handschriftliche *faciunt* glaube ich empfiehlt sich von selber. Vers 117 habe
ich dagegen die handschriftliche Lesart mit Anerkennung des entweder durch Synizese einsilbigen oder als iambischen Wortfusses
pyrrhichisch zu messenden *ruont*. Wichtiger ist meine Behandlung
von V. 123 ff. Ich nehme hier nämlich an, dass bei der Aehnlich-
keit der die zwei hintereinander folgenden Verse beginnenden
Worte *extollunt* und *expoliunt* V. 126 R. zunächst von seiner
richtigen Stelle gerathen, dann an den Rand geschrieben die weitere Unordnung veranlasst habe Ich habe die Ordnung, wie sie
der Gedanke mir zu verlangen schien. hergestellt; dadurch ist aber
zugleich das Metrum hergestellt. Wegen laborē vgl. Phil. IX. 5. 673.
Corssen a. O. I. S. 332 f. V. 129 lautet bei Ritschl als bacchischer
Dimeter *ad légionem quom itur:* diesen Dimeter kann ich aber
nicht annehmen, auch haben die Handschriften für *quom itur :* B
comita, l. *tum.* C *comita.* Ich habe hier eine kühnere Restitution

gewagt mit Benutzung dieser Spuren, in denen ich *eos mittunt*
zu erkennen glaubte. Für den natürlich zweifelhaften Anfang, der
jedoch in den Zusammenhang passen dürfte, vergleiche ich Cas. prol. 47
postquam adolevit ad eam aetatem. V. 130 habe ich es gewagt
die erste Silbe in *unum* kurz zu messen, vgl. die Zusammenstellung
bei Brix a. O. S. 14f. und Geppert Ueber die Aussprache des
Lat. im älteren Drama (Leipzig 1858) S. 101, von dessen Beispielen ich wenigstens Poen. IV, 2, 100 für sicher halte *ero uni*
potius intus ero odio, quam hic sim vobis ómnibus. Dann habe
ich V. 138 als Glosse gestrichen: aus dem, was die Handschriften
bieten *mi adventu suo grandinem imbremque attulit* hat Ritschl
durch Vorsetzung von *quae* und Streichung des nicht gut zu mis-
senden *que* einen Vers hergestellt, aber überliefert ist kein Vers,
und dann ist die Erwähnung des *imber* an dieser Stelle unpassend.
Erst 142, wo ich *in cor meum* mit Spengel S. 22 beibehalten habe, ist
die Nennung am Platze. Da eine von beiden Stellen falsch sein muss
und wir die zweite nicht entbehren können, so habe ich kein Bedenken getragen die prosaische Fassung zu tilgen. Für Fleck-
eisens Herstellung von V. 140, die auch ich beibehalten habe, kann
man beiläufig bemerkt sich auch noch auf Rud. 97 berufen. Vers
146, den Ritschl durch Umstellung von *haec* zu heilen sucht, habe
ich durch Einschiebung von *ut* hinter *putent* und Herstellung des
Conjunctivs (die Handschriften *video*) *videar* gebessert. Für miss-
lungen halte ich ferner Ritschl's Schreibung V. 148 *cum fúnda-*
mento périerint, nec quisquam esse auxilió queat. Mir misfällt
der Conj. Perf. *perierint* zwischen *ruant* und *queat;* da nun die
Handschriften *quin cum* haben, so habe ich *quom* geschrieben und
den Nominativ *fundamenta* restituiert. Im folgenden kann man
zweifeln, ob ich Recht gethan habe mit Hermann den Hiatus in *disco*
hastis und *cursu armis* zuzulassen. Wem es zu gewagt erscheint (die
ganze Frage über den Hiatus beim Plautus scheint mir übrigens in
Uebereinstimmung mit Brix a. O. S. 20f. einer neuen Bearbeitung
zu bedürfen) kann 151 als cretischen Dimeter mit angehängter trochäischer Tripodie messen und 152 *cursura* schreiben vgl. Bacch. 67.
Ritschl's Aufgeben der ersten Person *victitabam* sagt mir wenig zu.

Etwas anders als das eben behandelte Canticum erscheint durch Aufnahme cretischer Trimeter statt der gewöhnlichen Tetrameter das folgende:

Bacch. 612 — 624.

pétulans, protervo, iracundo ánimo, indomito, incógitato,
sine modo et modéstia sum, sine bono jure átque honore,
incredibilis imposque animi, ínamabilis, inlépidus vivo,
615 málevolente ingénio natus, póstremo id mihist, quód volo
ego esse áliis, credibile hóc est? nequiór nemost neque indignior
quoi dí bene faciant néque quem quisquam homo aút amet aut ádeat.
    inimícos quam amicos aequius mest habére:
    malós quam bonós par magíst me juváre,
620   ómnibus quóm probis, quae improbis viris
    digna sunt, dignior núllus est homo
      qui patri réddidi omne aúrum amens,
    quód fuit praé manu, súmne ego homo miser?
    pérdidi me átque operam Chrýsali.

Hier waren wenig Abweichungen von der Ueberlieferung geboten; denn abgesehen, dass ich V. 618 die Umstellung von *est* vorgenommen habe, ohne jedoch mit Hermann zugleich für das auch in B zu Tage liegende, *aequius* (B hat *equu st*, C *equiust*) in *aequom* umzuwandeln, (wegen des Versictus auf der Paenultima verweise ich auf das zu Men. 111 bemerkte, für den Wechsel von der Comparativform *aequius* mit der Umschreibung *par magis* auf Trin. 200 *mendaciloquius néque adeo argutúm magis*, wo es doch das einfachste war *neque* zu Anfang des Verses zu streichen; alle andern vorgeschlagenen Aenderungen halte ich für zu gewaltsam) und abgesehen von der Hermann'schen Emendation *amens* statt *amans* habe ich nur noch V. 620 *quom* eingeschoben. Die ohne dieses Wort anzunehmende gedoppelte catalectische trochäische Tripodie erschien mir, da sie auch hier durch keinen gleichen Vers geschützt wird, ebensowie Bacch. V. 643 zu bedenklich. Wegen des Zusammenhanges, namentlich was die Stellung der mit den

Handschriften an ihrem Orte belassenen Frage *credibile hoc est* anlangt, kann ich mich jetzt einfach auf die Auseinandersetzung von Spengel a. O. S. 32 f. berufen, mit dem ich auch in der Messung der letzten vier Verse zusammengetroffen zu sein mich freue. Auch Seyffert kann ich hier wegen der Verse 615—617 mit Anerkennung erwähnen, nur dass ihm a. O. S. 10 die richtige Messung von *eyo esse* entgangen ist. Er theilt sie nämlich dem vorigen Verse zu und verfehlt dadurch den richtig überlieferten Schluss v. V. 615. Die Composition ist auch in diesem Canticum eine höchst einfache: sechs iambisch trochäischen Octonaren und Septenaren folgen zwei bacchische Tetrameter, denen sich cretische Verse anschliessen; zwei sind Trimeter, drei Dimeter mit angehängter trochäischer Tripodie. Im folgenden schreibe ich mit Ausfüllung der Lücke im dritten Verse:

Pi. cónsolandus híc mist. ibo ad eúm. Mnesiloche, quíd fit? Mn. perii.
Pi. dí meliora fáxint. Mn. perii. Pi. nón taces insípiens? Mn. taceam?
Pi. sánus satis non és, Mnesiloche. quíd peristi id die mi. Mn. perii.

Ich hoffe, die bis jetzt behandelten Cantica werden ausreichen, um dem Leser wenigstens vorläufig einen Einblick in die Compositionsweise wenigstens vieler Cantica des Plautus zu gewähren, und ihn in den Stand setzen über meine Restitutionsversuche auch verderbter überlieferter Partien ein Urtheil zu fällen. Ich wende mich nämlich nun zu den beiden, welche nur durch einen Dialog von drei Versen unterbrochen im Trinummus v. V. 223 an sich finden. Hier werde ich den restituierten Text meinen Erörterungen folgen lassen. Neun bacchische acatalectische Tetrameter eröffnen das erste derselben; der junge Lysiteles erklärt schon oftmals überlegt zu haben, ob er der Liebe oder der Rücksicht auf sein Vermögen folgen solle. Dass hier V. 230 an falscher Stelle steht, hat schon Ritschl bemerkt, ich folge in der Umstellung hinter V. 227 Fritzsche (de canticis Plautinis spec. primum in Ind. lect. Rost. sem. aest. 1861). Lachmanns Bedenken zum Lucrez S. 161 wegen der Elision des zweisilbigen *rei* findet meines Erachtens seine leichteste Erledigung durch Aufnahme von Hermann's Aenderung *amórine me án rei obsequí potius par sit* statt *amórin me an réi obsequi* etc. Wegen der Verschleifung des einsilbigen *rei* mit dem folgenden Vokal vgl. die ganz gleiche Stelle Most. 92 *quando híc natus ést. ei réi argúmenta dícam.* Die Ausstossung der Glosse *ad aetatem agundam* anlangend, die Ritschl mit vollem Rechte verlangt hat, verweise ich im Voraus auf die weiter unten folgende Nachweisung fernerer Glossen in diesem Canticum. Lysiteles will nun die Frage noch einmal beleuchten und zwar so, dass er beide Punkte, Liebe und Vermögen, in ihrem gegenseitigen Verhältnisse zusammen betrachtet: denn das kann doch nur *ut utramque rem simul exputem* bedeuten. Brix hat *simul* misverstanden, wenn er von einem zweiten Theile der Aufgabe des Lysiteles spricht, welcher erst von V. 270 an erledigt werde; zusammen heisst doch nicht, erst das eine und dann das andere, sondern, denke ich, zusammen. Das Metrum, in welchem Lysiteles diesen Entschluss zu erkennen giebt, ist das iambische; zwei Octonaren folgt als Clausel, die Einleitung abschliessend, die schon oben zu Men. 111 behandelte acatalectische Tripodie. Die folgende Partie ist durch das Eindringen mehrerer Glossen entstellt: zunächst ist *elegans* offenbare Erklärung des seltenen *cuppes*, wie schon Hermann gesehen hat; dann ist mit Recht von demselben *inops* verworfen; es passt aber, wie Geppert richtig bemerkt, gar nicht in den Zusammenhang der Stelle hinein. Wer aber fand sich denn, frage ich, zu diesem seltsamen Zusatze bewogen? eine Glosse setzt doch immer etwas Glossiertes voraus. Ich glaube, wir werden, ehe wir zur Ausstossung berechtigt sind, die Glosse erst emendiren müssen. *Inops* steht nämlich meiner Meinung nach für *miops* d. h. μύωψ und war zu dem gleichfalls verschriebenen *blandus* als Erklärung hinzugefügt worden. Für letzteres schreibt nun, während Hermann und Ritschl es ohne Gründe einfach streichen, Fritzsche *blennus*. Dieses wie *cuppes* seltene, auch *blemnus* geschriebene Wort (s. Ritschl zu Bacch. 1088) scheint mir etymologischen Zusammenhang zu haben mit βλέπω, βλέφαρον und wie das von diesem abgeleitete βλεφαρίζειν die Eigenschaft des Blinzelns zu bezeichnen; in diesem Sinne fasse ich hier *blemnus* und μύωψ. Vgl. über das Verhältniss beider Wortstämme

und ihre Anwendung Curtius Gr. Et. S. 300 f. Streichen wir
also *inops* oder *miops* als Glosse zu *blemnus*, so glaube ich, ergiebt
sich ferner, dass wir *ararus* abweichend von Hermann und Ritschl
nicht als Glosse, ich wüsste auch nicht zu welchem Worte, sondern
als nähere Bestimmung des *despoliator* anzusehen haben. Es sind
nämlich je zwei Wörter zusammenzufassen, als Substantiv und
Adjectiv, *blandiloquentulus harpago*, *mendax cuppes*, *ararus despoliator*, dann mit hinzutretendem Genetiv *blemnus celatum indagator*. Nun bleibt *latebricolarum hominum corrumptor* übrig,
Worte, die ich so nicht verstehe, wenigstens Brixens Erklärung
„Prolepsis; die Liebe verleitet gemeine Kneipen (*Latebrae*)
zu besuchen und verdirbt dadurch die Menschen" erscheint mir unannehmbar; ich zweifle nicht, dass der Nominativ
latebricola herzustellen ist, denn der *amor*, von dem Lysiteles
redet, ist selber der Bewohner der *loca latebrosa*, wie sie Bacch. 430
genannt werden. So erhalten wir das correspondierende Glied zu
blemnus celatum indagator und zugleich zwei regelrechte trochäische
Octonare:

bländiloquentulus hárpago, mendax cúppes, avarus déspoliator,
látebricola hominúm corrumptor, blémnus celatum indagator,
wie dergleichen zwei in den Handschriften überliefert sind 236
und 242:

ómnium primum amóris artes éloquar quem ad módum se expediant.
nám qui amát quod amát, quom extemplo sáviis sagittatís percussust.

Omnium ist natürlich entweder mit verkürzter Ultima oder
durch Synizese zweisilbig zu messen, ein Anapäst kann es hier
nicht sein, das hindert die Kraft des die erste Silbe treffenden
Versictus. Wohl aber ist Stich. 45 *omnibus*, dessen vorletzte Silbe
vom Ictus getroffen wird, als Tribrachys zu messen und mit dem
vorhergehenden *sit* zusammen als der den Anapäst vertretende
Procceleusmaticus anzuerkennen. Dasselbe was von *omnium* gilt
von *saviis*. Die Verkürzung der zweiten Silbe von *sagittatis* hat
nach Geppert, der, wenn auch seine ganze Auffassung von variierten
Versschematen mir nicht einleuchtet, doch wenigstens zuerst die
Stellen gesammelt hat (Ueber die Aussprache u. s. w. S. 89), Fleck-

eisen nachgewiesen (Kritische Miscellen S. 39 ff.), freilich an unserer Stelle dem Ambrosianus, der das Wort irrthümlich auslässt,
zu viel Gewicht beigelegt. Doch scheint derselbe anders als in
seiner Ausgabe jetzt die Lesart der Palatinen *percussust* statt
perculsust zu billigen, worin ich mit ihm übereinstimme. Es bleiben
noch zurück die beiden Verse 237 und 238, welche Ritschl als
trochäische Septenare zwar richtig erkannt, aber doch glaube ich
noch nicht in Ordnung gebracht hat. Denn ich zweifle stark, ob
er in dem zweiten Recht gethan hat die Lesart des Ambrosianus
petit statt der der Palatinen *cupit* aufzunehmen, einerseits wegen
der zerstörten Allitteration *conicere cupit* wie *sectatur subdole*,
welche Wörter nicht durch ein Komma zu trennen sind, anderseits weil
mir die Construction von *petere* mit dem Infinitivus beim Plautus
bedenklich erscheint, ich habe wenigstens bis jetzt mir kein zweites
Beispiel angemerkt. Noch weniger aber vermag ich Ritschl's Her-
stellungsversuch des ersten Verses zu billigen; denn wie, den gie-
rigen Menschen sucht der *amor latebricola* zu fangen, ich denke,
er selber ist gierig, und nur den, von welchem er sich Gewinn
versprechen darf, sucht er in sein Netz zu locken, um den Gimpel
dann gehörig zu rupfen. Ich schreibe daher mit wohl nicht zu
kühner Aenderung, wie es der Sinn verlangt, nicht etwa nur das
Metrum:

núnquam amor quemquám nisi cupidus póstulat, set in plagas
cónicere cos cupit, eós sectatur súbdole, ab re cónsulit.

Dass *blanditur* Glosse ist, hat Ritschl richtig gesehen, aber zu
sectatur subdole, nicht etwa zu *subdole* allein, noch weniger aber
zu *subdole ab re consulit*. Die Schreibung *set* statt *se* ist von
mir und hilft über den von Brix wohl nachgewiesenen aber hier
doch unpassenden Acc. cnm Inf. hinweg.

Nun folgen bacchische Verse, hier wie schon ja mehrfach beobachtet mit iambischtrochäischen Septenaren und Octonaren verbunden. Es sind nämlich im ganzen acht catalectische Tetrameter;
über die beiden ersten bemerke ich nur, dass ich mit Ritschl *si
audes* festhalte. Geppert, welcher statt dessen *auden* oder *audin*
vorschlägt, vergisst, dass Cicero ausdrücklich (orat. 154) wie *sis*

für *si vis* so *sodes* für *si audes* stehend erklärt, eine Behauptung,
welche ich gerade um unserer Stelle willen für wahr halte, aus
der wir aber wohl zugleich den Schluss ziehen dürfen, dass die
Schreibung *sodes* erst nach Plautus Zeit üblich geworden ist.
Die neuerdings in Kuhns Zeitschr. f. vgl. Spr. vorgetragene Ver-
muthung *sodes* sei mit *sodalis* verwandt, scheint mir, obwohl ich
sie früher selbst gehegt habe, irrthümlich. Dass *cuculus* V. 245
nach alter Weise seine erste Silbe verlängert, hat, wie ich glaube,
Brix richtig behauptet. Brix bemerkt, es stimme zwar der spätere
Gebrauch nicht damit überein; ich erinnere aber doch, um die
Länge des *u* im Simplex *cucus* wahrscheinlicher zu machen, an
cucubo und *cucurrire*, Wörter, welche der auctor Philomelae mit
langer erster Silbe gebraucht, wie ich aus Lindemanns Gradus ad
Parnassum entnehme. Dann aber muss ich mit aller Entschieden-
heit Fritzsche widersprechen, welcher in demselben Verse *fiet* für
fiat schreiben will. *Fiat* heisst nämlich meines Erachtens soviel
wie, nimm's, *fiet* würde sein, du sollst es haben, nämlich
später. An unserer Stelle schenkt aber doch der Gimpel der
Hetäre sofort, was sie sich mit den Worten *da mihi hoc* erbittet,
indem er sagt: *fiat; et istuc tibi* (nämlich *do*), *et si amplius vis
dabitur*. Hierfür spricht nun aber auch noch die folgende Erwä-
gung. Ohne allen Anstoss liest sich unsere Stelle von V. 247 an,
wenn wir die in den Handschriften mehrfach corrupten Worte
folgendermassen emendieren:

íbi illa dantém ferit. jam ámplius órat:
„nón sat id est; dá mihi ámplius.“ „étiam,
quód ebibis, quód comes, quód facis súmpti.“

Zunächst habe ich hier für *illa* oder *illam*, wie der Ambrosianus schreibt, *pendentem: illa dantem* emendiert; jenes zu ver-
stehen war mir unmöglich; wenigstens Brixens Erläuterung, die
sehr gewöhnliche Sclavenstrafe des *pendentem plecti* (an der obern
Thürschwelle angebunden und in der Luft hängend geprügelt zu
werden, dient hier zu metaphorischer Bezeichnung des
Verfahrens der amica, die ihren Liebhaber wie ein
Herr seinen Sclaven abstraft. indem sie ihm ein Ge-

schenk nach dem andern ablockt, erschien mir denn doch
zu abenteuerlich. *Pendentem* verdankt seinen Ursprung wohl nur
einer irrthümlichen Verdoppelung. Nachträglich habe ich auch
eine Stelle gefunden, die sich zur Erläuterung der unserigen her-
beiziehen lässt und namentlich auch dem *dantem* eine Unter-
stützung leihen kann, Properz V, 5, 33 ff. Ich schreibe sie mit
einigen Auslassungen hierher:

33   denique ubi amplexu Venerem promiseris empto,
      fac simules puros Isidis esse dies.

41   nec te Medeae delectent probra sequacis
      (nempe tulit fastus, ausa rogare prior),
    sed potius mundi Thais pretiosa Menandri,
      cum *ferit* astutos comica Moccha Getas.

47   janitor ad *dantes* vigilet: si pulset inanis,
53   surdus in obductam somniet usque seram.
    aurum spectato, non quae manus adferat aurum,

welche letzten Worte auch vielleicht meiner obigen Aenderung
cupidus statt *cupidum hominem* Glaubwürdigkeit gewähren.

Dann bemerke ich, dass ich *sat* den Palatinen entlehnt habe
und endlich, dass *da mihi* eigene Correctur ist für das mir unver-
ständliche *mali ni* der Handschriften. *Etiam* aber habe ich als
Antwort dem Amator in den Mund gelegt, wie es z. B. Most.
1000 gebraucht ist. Zugleich musste ich die dritte Person im
folgenden Verse in die zweite verwandeln, was doch wohl nicht
kühner ist, als im vorigen Verse aus *amplius* zu machen *ampliust*,
wie Ritschl nach Hermanns Vorgang gethan hat, um Sinn in die
Stelle zu bringen.

Die Prosodie der behandelten Stelle giebt noch zu einigen
Bemerkungen Anlass. Zunächst *amplius* ist nach alter Weise als
Creticus zu messen, was man doch immer Kraft der Arsis nennen
darf, wenn deren Einfluss auch nicht, wie ich früher gethan, auf
alle Endungen auszudehnen ist. Aber daran wird man wenigstens
für Plautus trotz Corssen a. O. II S. 463, der mich auch wohl
dort nicht ganz richtig begriffen hat, festhalten dürfen: es giebt
in der Lateinischen Sprache eine Anzahl mittelzeitiger Endsilben,

welche durch den Rhythmus des Verses bestimmt werden; vom
Ictus getroffen, sind sie lang, wie hier *amplius*, im Gegen-
theil werden sie kurz wie *aequius* Bacch. 118. Ebenso ist an
unserer Stelle *familia* V. 251 als ein Paeon quartus anzusehen,
worüber ausser Brix zu V. 187 (ich füge den von ihm angeführten
Beispielen ein neues hinzu (Poen. prol. 85: *altéra quinquennis,
álterá quadrímula*) jetzt noch Flackeisens Ausführungen zu ver-
gleichen sind, in seinen kritischen Miscellen S. 11 ff. Es ist auch
hier die Kraft der Arsis oder die Macht des Rhythmus, welche
die schon schwankende ältere Quantität schützt, während z. B. die
Ultima von *hiulca* in der Thesis (Trin. 286) zur entschiedenen
Kürze herabsinkt, wie Fleckeisen mit richtiger Frontstellung gegen
Ribbecks und Büchelers Gleichmacherei bemerkt. Ueber den Einfluss des Rhythmus überhaupt verweise ich auf meine an Fleckeisen anknüpfenden Erörterungen in meinen schon angeführten
Plaut. Studien S. 9 ff. und auf meine Bemerkungen zur Lat. Laut-
lehre (Programm des Wilhelmsgymnasiums in Berlin 1864) S. 16 f.)
Derselben Macht des Rhythmus schreibe ich die Verkürzung
der ersten Silbe von *ebibit* zu (denn für die Beibehaltung des Compo-
situms spricht das folgende *comedere*), über deren Zulässigkeit ich
mich auf meine Plaut. Studien S. 14 ff. und die Sammlungen von
Brix in der Einleitung zum Trinummus S. 14 ff. berufe. Der
Hiatus, den ich nach *mihi* V. 249 zugelassen habe, ist wie die
Syllaba anceps bekanntlich nach dem zweiten Fusse des cretischen
Tetrameters gesetzlich.

Ich fasse nun den Gedankengang kurz zusammen. Lysiteles
will die Künste des Amor d. h. hier des Schutzpatrons des Hetären,
mit andern Worten die Künste der Hetären selbst in ihrer Wir-
kung auf das Vermögen des Amator beschreiben; zu dem Ende
lässt er einen jungen Menschen von einer Hetäre in ihr Netz ge-
lockt werden, und dieser von ihren Küssen berauscht, verspricht
ihr alle Wünsche zu erfüllen, allen Aufwand zu tragen. Da ergiebt
sie sich ihm, aber schnell geht nun auch sein Vermögen zu Grunde
oder, wie Diniarchus im Truculentus sagt (V. 47, eine Scene, die
nicht ohne Nutzen für unser Canticum verglichen wird,) *perit amator*

ab re. Denn der Hetäre Bedürfnisse sind unermesslich, ein ganzes Heer von Sclaven muss ihr zur Verfügung stehen, *restiplica*, *unctor, auri custos* u. s. w. Mit dieser Aufzählung wechselt das Versmass: einem trochäischen Octonar folgt ein Septenar, welcher zu drei iambischen Octonaren überleitet, von denen jedoch der mittlere in unseren Handschriften verstümmelt vorliegt. Es sind nämlich zwischen *inops amator* und *haec ego* vier Trochäen ausgefallen, oder richtiger gesagt, die vier hier fehlenden Trochäen sind durch irgend einen Zufall hinter Vers 262 gerathen, wo sie von Ritschl als unpassend in eckige Klammern eingeschlossen sind. Setzen wir sie an die richtige Stelle, so erhalten wir, indem wir zugleich eine geringe Umstellung vornehmen, den iambischen Octonar: inóps amator néque volunt cum sibi amicum dici. haéc ego.

Denn dass im folgenden Verse *ego cum* nichts ist als die corrumpierte Wiederholung an *ego quom*, hat Geppert richtig bemerkt, der auch *ego* dem Ambrosianus abspricht. Der Vers lautet demnach:

quom méo animo reputo, úbi qui eget, quam prétii sit parvi, ápage amor,

denn *te* hinter *apage* hat Ritschl mit Recht mit Donat z. Terenz Eun. IV, 6, 18 gestrichen. Die folgenden Verse sind in den Handschriften in hohem Grade verderbt überliefert; der Ambrosianus giebt: *non places nihil te utor quamquam illud est dulce esse et bibere amor amar. dat. ame. satis quod ne — fugit forum fug. t - - - - s fugat . . s . . . . . m . . suo cont . . tu,* die Palatinen, um geringere Abweichungen zu übergehen, haben *amára dat tibi* für jene Wortreste, welche von Ritschl wohl richtig *amara dat tamen* gedeutet sind, dann *aegre sit fugit forum fugat uos cognatos fugat ipse se a suo contutu.* Mit Recht sagt Ritschl in den Prolegomenen S. 314, dass die letzten Worte vollständig unverständlich seien, mit seinem Herstellungsversuche kann ich mich freilich nicht einverstanden erklären. Die Hauptschwierigkeit liegt darin, dass zu den letzten Worten das Subject vermisst wird; bedenken wir aber, dass schon oben der *amator* den *illis* entgegengestellt wurde (V. 255), so dürfte vielleicht folgender Versuch nicht ganz verwerflich sein:

nón places: nil te útor. quamquam *illis* dulcest ésse et bibere,
amór *amatori tamen dabit* satis, quod aégrest:
fugiét forum, fugiét suos, fugiét suum contutum,
so dass einem trochäischen Octonar zwei iambische Septenare
folgen. Im einzelnen bemerke ich: *cognatos* hinter *suos* habe ich
als Glossem gestrichen, *fugiet* schien mir in dem *fugit* und *fugat*
der Handschriften zu liegen, der Schluss war durch eine etwa
zugeschriebene Bemerkung *ipse se* oder *ipsius* in Unordnung gerathen.

Der Schluss dieses Theiles unseres Canticum machen zwei
trochäische Octonare:
mílle modis amor ignorandust, prócul abdendus átque abstandust,
nám qui in amorem praécipitavit, péjus perit quasi sáxo saliat.

Abdendus für *adhibendus* (*abdendust* würde ich nicht gerne
schreiben) ist eine für mich evidente Emendation Ritschl's; Brix
schreibt *abhibendus*, aber der Proceleusmaticus *procul abhi* ist
unerträglich und keineswegs mit Beispielen wie Trin. 804 u. Men. 117,
über welche oben gesprochen ist. zu schützen. *Quasi* übrigens
statt des handschriftlichen *quamsi* ist die mit Recht aufgenommene
Emendation Lindemanns.

So hat denn Lysiteles seine Betrachtung über das Wechsel-
verhältnis von Liebe und Vermögen beendet und sein Entschluss
steht fest. In catalectischen cretischen Tetrametern spricht er den-
selben aus:
ápage sis, ámor, tuas rés tibi habéto,
ámor amicús mihi né fuas unquam u. s. w.

Den Hiat zwischen *tibi* und *habeto*, wie Vers 272 zwischen
fidem und *honorem* (wo *et* meines Erachtens fehlerhaft wäre) hat
mit Recht im Anschlusse an Lachmann Geppert vertheidigt. Ich
füge nur noch ein Beispiel hinzu Pseud. 1128:
boni me viri paupéránt, improbí alunt.

Vers 268 schalte ich mit Ritschl *misere* ein, aber vor *miseros*,
so dass die Verbindung *miseros maleque habeas*, die ich nach
Brixens Erörterung für richtig halten muss, aufrecht gehalten wird;
die Verbindung *misere miser* anlangend vergleiche ich Pseud. 13,

Cist. IV. 2. 21 und besonders Epid. V, 2, 2, wo es ganz ähnlich heisst *miserum me habes miseris modis*. Den Zusatz Rischl's im folgenden Verse *facile* aber kann ich nur für ein müssiges Flickwort halten, auch bleibt der Sinn des Verses, wie er überliefert ist, überaus matt. Es ist freilich schwer, ein ganzes Wort mit Sicherheit zu supplieren, hier aber glaube ich das rechte zu treffen, wenn ich *nocte* schreibe; denn dass das Wortspiel *obnoxios nocte fecisti* mit Beziehung auf das obige *nox datur* ächt-plautinische Farbe trägt, wird wohl einem jeden einleuchten. So aber bekommt der Vers Kraft und Haltung. Endlich bemerke ich noch, dass V. 274 *veris* Zusatz Geppert's ist, durch den Gegensatz *canidicis* hinlänglich gesichert, und auch in der Bedeutung durch die von Fritzsche beigebrachte Stelle Mil. Gl. 1369 geschützt. So lautet denn das ganze Canticum folgendermassen:

Trin. 223 — 275.

Multás res simitu in meó corde vórso,
multum ín cogitándo dolórem indipíscor;
₂₂₅ egomét me coquo ét macero ét defetígo,
magíster mihi éxercitór animus núnc est.
set hóc non liquét nec satís cogitátumst,
₂₃₀ amórine me án rei obsequí potius pár sit,
₂₂₈ utrám potius hárum mihi ártem expetéssam,
utram aétati agúndae arbitrór firmiórem,
utra ín parte plús sit volúptatis vítae.
de hac ré mihi satis haú liquet: nisi hóc sic faciam, opínor,
ut utrámque rem simul éxputem, judéx sim reusque ad eám rem;
₂₃₅ itá faciam, ita placét.
ómnium primum amóris artes éloquar, quem ad módum se expediant:
núnquam amor quemquám nisi cupidus póstulat. set ín plagas
cónicere eos cupit, eós sectatur súbdole, ab re cónsulit,
blándiloquentulus hárpago, mendax cúppes, avarus déspoliator,
látebricola hominúm corrumptor, blémnus celatum índagator.
nám qui amat, quod amát, quom extemplo sáviis sagittatis percussust,

ílico rés foras lábitur, líquitur.

‚dá mihi hoc, mél meum, sí me amas, si aúdes.‘

íbi ille cucúlus: ‚o océlle mi, fíat;   245

ét istuc, et si ámplius vís dari, dábitur.‘

íbi ille dantém ferit, jam ámplius órat:

‚nón sat id est; dá mihi ámplius‘ ‚étiam;

quód ebibis, quód comes, quód facis súmpti.·   250

nóx datur; dúcitur fámilia tóta:

véstiplica, unctor, auri custos, flábelliferae, sándaligerulae,

cántrices, cistéllatrices, núntii, renúntii,

raptóres panis ét peni. fít ípse, dum illis cómis est,   255

inóps amator néque volunt eum síbi amicum dici. haéc ego

quom méo animo reputo, úbi qui eget, quam prétii sit parvi, ápage amor

nón places, nil te útor. quamquam illis dulcest ésse et bibere,

amór amatorí tamen dabít satis, quod aégrest: 260

fugiét forum, fugiét suos, fugiét suum contútum.

mílle modis amor ignorandust, prócul abdendus átque abstandust,

nám qui in amorem praécipitavit, péjus perit quasi sáxo saliat.   265

ápage sis, ámor, tuas rés tibi habéto.

ámor, amicús mihi né fuas únquam.

súnt tamen quós misere míseros maleque hábeas,

quós tibi obnóxios núcte fecísti.

cérta res ést ad frugem ádplicare ánimum   270

quámquam ibi grándis animó labos cápitur.

bóni sibi haec éxpetunt, rém, fidem, honórem;

glóriam et grátiam. hóc probis prétiumst.

eó mihi mágis lubet cúm probis véris

pótius quam cum ímprobis vívere vanídicis.   275

Ich denke, diese Anordnung kann man sich gefallen lassen;
sie ist dreitheilig: neun bacchischen Tetrametern folgen zwei iambische Octonare; eine Clausel schliesst dem Sinne entsprechend die
Einleitung. Nun folgt die Hauptpartie: eingeschlossen in trochäische
und iambische Septenare oder Octonare stehen acht catalectische
cretische Tetrameter. Zehn gleiche Verse schliessen das Ganze.

Jene regellose Willkür, wie sie Ritschl, Fritzsche, Geppert statuiert haben, ist vermieden.

Im übrigen bemerke ich noch folgendes: dactylische Verse, wie sie Fritzsche (es sind bei ihm die Verse 239 — 241) mit seinem Sohne angenommen, haben wir nicht anerkannt in Uebereinstimmung mit Spengel und Studemund, und möchte ich glauben, dass sich vor Ennius kein Römer dieses Versmasses bedient hat. Dagegen dactylischer oder dactylisch schliessender Wortfüsse statt trochäischer Versfüsse zeigt zwei Beispiele V. 239; Lachmann zum Lucrez S. 116 ist freilich geneigt sie ganz zu verwerfen, doch berufe ich mich hier auf Ritschl's von Fleckeisen in Jahns Jahrbb. LXI S. 61* mitgetheilten Zweifel. Zweitens schützen die Trennung der doppelsilbigen Thesis *cuppes*, *avarus* V. 239 die auch von Ritschl wie mir scheint im Widerspruche mit der Einleitung zum Mil. Glor. XXII, zugelassenen Beispiele 264 und 265 *mille modis* und *pejus perit*, wonach, da die Ultima von *pejus* unter dem Versictus lang sein müsste, hier sie in Thesi als Kürze erscheint, ich auch kein Bedenken trage, anders als Fleckeisen urtheilt a. O. S. 35, die analogen Beispiele *ducat, turbat, possit, vicit* unter Umständen als Trochäen gemessen auch als solche in Erscheinung zu bringen. Dasselbe Beispiel *pejus* bestimmt mich ferner auch einen im Philologus IX S. 648 n. 1 gegen Bentley zu Horaz A. P. 69 geltend gemachten Zweifel aufrecht zu halten; denn hier etwa für den Octonar besondere mit den Lautgesetzen in Widerspruch stehende Freiheit zu statuieren, also, wie Ritschl wollte, einen *principiellen* Unterschied zwischen freieren und minder freien Versmassen, an dem schon Bergk Anstoss genommen, anzunehmen, kann ich jetzt nach den Ausführungen von Corssen noch weniger als früher zugeben. Plautus Quantitätsgesetze beruhen nicht auf willkührlichen Dichterlaunen, sondern auf der Aussprache des Volkes zu seiner Zeit und auf der Kraft des Rhythmus.

Endlich halte ich es, ehe ich mich zum zweiten Canticum wende, für nicht überflüssig, einige der von mir aufgenommenen Textesänderungen classenweise zusammenzustellen. Und zwar Glosseine habe ich statuiert sechs *ad aetatem agundam*, *inops* (*miops*), *elegans*, *blanditur*, *cognatos*, *ipse se* oder *ipsius*: Dittographien zwei *pendentem* (*dantem dantem*), *ego quom* (*ego cum*); Lücken drei *misere*, *nocte*, *veris*; grössere Umstellungen eine *neque colunt eum sibi amicum dici*. Die einzelnen Wortcorrecturen übergehe ich hier.

Das zweite Canticum ist, wenn wir den Begriff desselben als einer Monodie strenge festzuhalten haben, auf welche Frage ich hier nicht näher eingehen will, von dem ersten durch drei Verse getrennt. Der alte Philto tritt aus dem Hause, um seinen Sohn, den er drinnen nicht gefunden, zu suchen:

quó illic homo fóras se penetrávit ex aédibus?

Man kann zweifeln, ob Ritschl recht gethan hat, diesen Vers als acatalectischen cretischen Tetrameter zu messen; da an der Verlängerung der ehemals langen Ultima von *penetravit* durch die Kraft der Arsis kein Anstoss zu nehmen ist (vgl. Fleckeisen Jehns Jahrbb. LXI S. 35), so lässt sich auch die Messung als iambischen Senares rechtfertigen, und da nirgends in der Nähe acatalectische cretische Tetrameter erscheinen, wohl aber, wie ich zeigen werde, iambische Senare vom Philto gebraucht werden, so bin ich geneigt dieser Messung mit Lachmann z. Lucrez S. 290 den Vorzug zu geben. Dem Vater antwortet der Sohn in den demüthigen Charakter gut bezeichnenden bacchischen Tetrametern. In dem ersten dieser beiden Verse steckt anerkanntermassen ein Fehler: doch weder mit Ritschl's noch mit Fleckeisen's etwas gewaltsamer Aenderung kann ich mich einverstanden erklären, zumal da es doch sehr einfach ist statt *mora* die Plautinische Form *remora* zu substituieren. Seinen Sohn erblickend fährt dann Philto fort:

féceris pár tuis céteris fáctis u. s. w.

Auch hier sehe ich mich genöthigt von Ritschl's metrischer Anordnung abzuweichen; und zwar erkenne ich in V. 282, wo ich mich ganz an die Palatinen anschliesse, einen einfachen iambischen Senar:

neque ín via neque in forum úllum sermonem éxsequi.

An der Synizese in *via* ist nicht zu zweifeln: schon Bentley zum Terenz Heaut. I. 1. 49 hat sie in diesem Worte anerkannt.

man vgl. ausserdem Corssen a. O. II, S. 178 und Geppert a. O.
S. 29 ff.; dass endlich *in* in der zweiten Stelle der aufgelösten
Arsis gekürzt werden darf, brauche ich kaum noch zu erwähnen.
Zu dieser Messung unseres Verses bewegt mich nun aber der
Umstand, dass sowohl V. 280 als auch 281 in einfachster
Weise durch leichte Umstellung gleichfalls als Senare restituiert
werden können; statt *patrem tuum si percoles per pietatem* lese ich
  patrém tuum si pér pietatem pércoles,
statt *malus bonum malum esse volt ut sui sit similis,*
  malus bónum malum esse vólt, ut similis sít sui.

Dort hat das doppelte *per*, hier das dreimalige *s* den Ab-
schreiber irre geführt. In ganz ähnlicher Weise hat Fleckeisen
Stich. 2 durch Umstellung von *vidua* und *viro suo* emendiert und
ebenso sind noch manche andere Stellen zu behandeln z. B. V.
329 desselben Stückes. Hier geben die Palatinen *nam equidem
harum miserebat*, der Ambrosianus bessert *me quidem*, nur stelle
man um *nám miserebat mé quidem harum*; Ritschl's Messung von
quidem als einsilbigen Wortes habe ich zu widerlegen gesucht
in meinen Plaut. Studien S. 12 ff. Doch um zu unserer Trinum-
mustelle zurückzukehren, zur vollständigen Ordnung bleibt nun nur
noch übrig Ritschl's Vorschlag, *mi* hinter *gnate* zu expungieren,
anzunehmen, und wir sehen in schönster Regelmässigkeit dreimal
einen catalectischen cretischen Tetrameter mit einem iambischen
Senar abwechseln, ein Compositionsprincip, welches weiter unten
durch unser Canticum selbst weitere Bestätigung finden wird, und
von mir, wie von Fleckeisen für Bacch. 1076 ff. geschehen, auch in
andern Partien nachgewiesen werden soll. Diesen gewonnenen
Wechselversen folgen nun zwei iambische Octonare, welche den
Uebergang zu fünf trochäischen bilden. Doch letztere liegen nicht
ganz ohne Verderbnis vor, aber es ist nur der offenbar matte Zusatz *tibi uti caveas*, der zu entfernen ist. So gestalten sich auch
die mittleren, welche bei Ritschl ohne Grund von Seiten des Sinnes
durch eine Clausel verunstaltet sind:
quód manu nequeunt tángere, tantum fás habent quo mánns abstineant
cétera rape, trahe, fuge, late. lácrumas mi haec quom video eliciunt.

Ueber den Wechsel der Betonung von *manu* und *manus* ist schon oben gesprochen; *tangere* ist ein neues, auch von Ritschl anerkanntes Beispiel des dactylischen Wortfusses statt des trochäischen Versfusses. In dem zweiten Verse hat Ritschl aus Scheu vor dem die Ultima von *cetera* treffenden Ictus hinter *trahe tene* eingeschoben, worüber ich gleichfalls schon oben meine Meinung ausgesprochen habe. Uebrigens benutze ich die Gelegenheit eine ähnliche Stelle zu emendieren Pseud. 138—141, wegen deren handschriftlicher Ueberlieferung ich auf Ritschl's Ausgabe verweise. Hier hat man die Glosse *rape*, die das glossierte Wort *harpaga* von seiner Stelle gedrängt hat, und die weitere Glosse *tene*, durch welche nach Ritschl's Angabe im Ambrosianus das ächte *clepe* ganz beseitigt zu sein scheint, zu entfernen und dann nach Anerkennung der durch den Sinn gerechtfertigten Clausel *qui haéc habent consilia* die folgenden beiden trochäischen Octonare herzustellen:

úbi datast occásio, harpagá, clepe, bibe, es, fuge, hóc eorumst
ópus, ut mavelís lupos aput óves quam hos domi linquére custodes.

Uebrigens in unserer Trinummusstelle schliesst sich meine Behandlung strenge an die Versabtheilung im Ambrosianus, der nur bisweilen zwei Verse zu einem zusammengezogen hat. Dasselbe gilt auch von den folgenden. Bei der Restitution dieser bekenne ich gerne bedeutend durch Spengel gefördert zu sein; und wenig in der That hat daran gefehlt, so hätte Spengel die Sache absolviert. Doch täuschten ihn die Ueberreste einer alten Glosse *fac eos.* Denn diese von Bergk in *faeceos*, von Fritzsche in *fuceos* geänderten Wörter, (aber *faeceos* wie *fuceos* sind unbelegt) erkläre ich als Ueberbleibsel von *facio eos* nämlich *nihili*, was unser schon bekannter, unermüdlicher Glossator dieser beiden Trinummuscantica über *nihil istos moror* beizuschreiben sich gemüssigt gefunden hatte.*) Man entferne sie, setze das von seiner Stelle vertriebene *turbidos* wieder an den richtigen Platz, schreibe

---

*) Sollte nicht auch in dem *Caedicius*, den Cato b. Gellius III, 7, 1 statt des sonst angeführten *Calpurnius* nennt, nur *Cal Decius* stecken? Die Lösung des hier vorliegenden Räthsels der Namensdifferenz wäre sehr einfach.

dann mit Ritschl (in den Anmerkungen) nur *sese* für *se* V. 298, und es ergiebt sich wieder ein schöner regelmässiger Wechsel von catalectischen cretischen Tetrametern und Trimetern:

<blockquote>
his ego de ártibus grátiam fácio,

neú colas, neu ímbuas ingénium.

meó modo et móribus vívito antiquis ;

quae égo tibi praécipio, ea fácito.

nihil ego istós moror túrbidos móres,

quíbus boni dédecorant sése.

haéc tibi si mea ímperia capésses,

múlta bona in péctore consídent.
</blockquote>

An der Synizese in *imbuas* ist ebensowenig zu zweifeln wie z. B. Bacch. 650 in *duas*; auch nicht an der Verschleifung von *neu* mit dem folgenden Vocal vgl. Merc. 306 *si cinum, seu istuc rútilum sive atrúmst, amo*, wo ich Ritschl's *sei istuc*, wodurch ausserdem eigentlich nichts gewonnen wird, nicht billigen kann. Wem der Hiat mit der Syllaba anceps (*mea imperia*) verbunden zu hart erscheint, mag mit Hermann *capesses mea imperia* umstellen. Hiernach lautet nun die ganze Scene:

Trin. 276—300.

<blockquote>
Philto.

quo illíc homo foras se pénetravit ex aédibus?

Lysiteles.

pater, ádsum; imperá quidvis, néc tibi ero in rémora.

nec látebrose me ábs tuo conspéctu occultábo.

Philto.

féceris pár tuis céteris fáctis,

patrém tuum si pér pietatem pércoles.

nólo ego cum ímprobis té viris, gnáte

neque ín via neque in foro úllum sermonem éxsequi.

nóvi ego hoc saéculum, móribus quibus sit

malus bónum malum esse vólt, ut similis sit sui.

turbánt, miscent morés mali, rapáx, avarus, ínvidus,

sacrúm profanum, públicum privátum habent, hiúlca gens.
</blockquote>

haéc ego dolco, haec súnt quae excruciant, haéc dies noctésque canto:
quód manu nequeunt tángere, tantum fás habent quo mánus abstineant:
cétera rape, tráhe, fuge, late. lácrumas mi haec quom vidco cliciunt, 290
quia ego ad hoc genus dúravi hominum. quín prius me ad plurés
penetravi?
nam hí mores majórum laudant; eósdem lutitant, quós collaudant
his ego de ártibus grátiam fácio,
neú colas, neu ímbuas ingénium.
meó modo et móribus vívito antíquis: 295
quae égo tibi praécipio, ea fácito.
níhil ego istós moror túrbidos, móres,
quíbus boni dédecorant sése.
haéc tibi sí mea ímperia capésses,
múlta bona in péctore consídent.   300

Auch diese Composition, denke ich, ist klar und nicht ohne
Eleganz; die iambischtrochäischen Octonare stehen in der Mitte
zweier in regelmässig wechselnden Versen componierten Systeme,
wie umgekehrt in dem wenig beschädigten Canticum des Truculentus V. 447—477 Gp. bacchische Tetrameter von Septenaren eingeschlossen erscheinen. Das dritte Canticum des Trinummus beabsichtige ich nicht vollständig zu behandeln: ich will nur ein
paar Worte über den Schluss sagen, der nach des Ambrosianus
richtiger Ueberlieferung aus Anapästen besteht:

Trin. 840—844.

set quís hic est, qui in platcam íngreditur
cum nóvo ornatu speciéque simul?
pol quámquam domi cupio ópperiar;
quam hic rém gerit, animum advórtam.

Der letzte Vers, der das System catalectisch beschliesst, zeigt
allerdings eine kleine Corruptel; die Glosse *agat* wird aber als
solche nach dem obigen Nachweis vieler Glossen nicht befremden.
Der Indicativ ist nicht anzutasten, Plautus hat ihn ja in der abhän-
gigen Frage häufig. In dem zweiten Verse hat *simul* den Heraus-

gebern Bedenken gemacht, die freilich Brix nicht hebt; sein Vor
schlag geht nämlich dahin *simul* mit *ingreditur*, *cum novo ornatu
specieque* mit *hic* oder *qui* unmittelbar zu verbinden. Eine solche
Wortstellung halte ich für unmöglich: auch die Erklärung von
simul ingreditur, ,auch Charmides betritt eben die Gasse, wo er
wohnt', misfällt mir durchaus. Aber weiss denn Brix nicht, dass
wie zu *cum* sonst *una* tritt, auch *simul* zu seiner Verstärkung
hinzugefügt wird? z. B. in dem oben behandelten Canticum des
Mostellaria V. 100 *simul gnaruris vos volo esse hanc rem mecum*
oder Men. 748 *novi cum Calcha simul* vgl. 746 *ego te simitu novi
cum Parthaone*, wie Camerarius richtig für *si me tu* geschrieben
hat. Hier stehen also auch *cum* und *simul* wie das deutsche
mitsammt. Verschweigen will ich aber nicht, dass ich für *species*,
das an sich nicht verdächtig ist, doch wegen V. 852 *Hilurica
facies videtur hominis: eo ornatu advenit* und 861 *quam magis
specto, minus placet mi haec hominis facies* gleichfalls *facieque*
vermuthe, doch habe ich nicht ändern wollen.

Wie dieses Canticum trochäischen Octonaren ein anapästisches
System angehängt zeigt, so geht trochäischen Septenaren ein sol-
ches voraus in der ersten Scene des fünften Actes, wo jedoch
auch noch nicht alles in's reine gebracht ist. Die Herausgeber
haben nämlich bis jetzt übersehen, dass die auch durch die Wiederholung des Wortes *gaudium* empfohlene, von Plautus beabsichtigte Anaphora durch die falsche Versordnung gestört ist, V. 1119
gehört nämlich unmittelbar hinter 1116. Dann ist im letzten
Verse der richtigen Ordnung, wo die Handschriften corrupt sind
und *quod ago, subest, adsequitur, subsequitur* bieten, die für anapästische Dimeter beim Plautus nothwendig scheinende Catalexe
herzustellen durch Aufnahme der Verbesserung *subest aut subsequitur*. So schreibe ich denn das anapästische System wie folgt:

Trin. 1115—1119.

hic homóst omnium hominum praécipuos,
voluptátibus gaudiisque ántepotens.
ita gaúdiis gaudium súppeditat,

ita cómmoda, quae cupio, éveniunt,
quod agó subest aut subséquitur.

Nach Behandlung sämmtlicher in gemischten Versmassen ge-
schriebener Scenen des Trinummus wende ich mich zum Stichus 1ff.;
allerdings einem Dialoge, also wahrscheinlich keinem Canticum im
eigentlichen Sinne. Ich gebe hier zunächst den restituierten Text.
Personenwechsel werde ich durch — bezeichnen.

Stich. 1—47.

crédo ego miserám fuisse Pénelopam sorór suo ex animo,
quaé tam diu viró suo vidua cáruit: nam nos éjus animum
de nóstris factis néscimus, quarúm viri hinc ábsúnt,
quorúmque nos negótiis abséntum, ut est aéquóm,
sollicitae noctes ét dies sorór sumus sémpér. —   5
nóstrum officium nós facere acquomst, néque id magis facimus
                      quám monet pietas.
set hic sóror assidedúm, multa volo técum loqui de ré viri. —
salvaéne, amabo? — spéro equidem id et voló, sed hoc soror crúcior
patrém tuum meumque adeo, únice qui unús civibus ex ómnibus   10
probús perhibetur, eúm nunc improbí viro officio úti,
viris qui tantas abséntibus facit injurias immérito   15
             nosque áb eis abducére volt.
      haec rés vítae me, sóror saturant,
      haec míhi dividiae et sénio sunt. —
      ne lácruma, soror, ne túo id animo   20
      fac, quód tibi páter faceré minatur.
      spes ést cum melius fácturum.
      novi égo illum, joculo istaéc dicit,
      neque illé sibi mereat Pérsarum
      montís, qui esse aurei pérhibentur,   25
      ut istúc faciat, quod tú metuis.
      tamen sí faciat, minume írasici
            decet: néque id immerito evéniet.
      nam viri nostri domo ut ábierunt,
      hic tértius annus. — ita út memoras: 30

quom ipsi interea vivant, valeant:
ubi sint, quid agant, ecqui indigeant.
neque participant nos neque redeunt. —
an id dóles, soror, qui illi suum ófficium
35 non cólunt, quom tuum facis? — ita pol. —
tace sis. cave sis: audiam ego istuc
posthác ex te. — nam quid jam? —
quia pól meo animo omnis sápientis
40 suum officium aequomst colere ét facere.
quam ob rem égo te hoc, soror, tam etsi és major
moneo, út tuum memineris ófficium;
et si illi improbi sint átque aliter
nos fáciant, quam aequomst, tám pol
45 neque id mágis sit, omnibus obníxe opibus
nostrum ófficium meminisse decet. —
placet: táceo. — at memineris fácito.

Wenn möglichst geringe Abweichungen von der handschriftlichen Ueberlieferung den postulierten Metren als Stütze ihrer
Glaubwürdigkeit angerechnet werden können, so nehme ich es für
diese Scene in Anspruch. Denn nur an vier Stellen habe ich mich
aus metrischen Gründen von dem Ambrosianus entfernt, nur dass
ich dessen im Anfange krauser Versabtheilung, die Studemund
aufgenommen hat, natürlich nicht gefolgt bin (während ich die
anapästischen Systeme im Ambrosianus nicht angerührt habe), V.
20 durch die Umstellung *ciro suo vidua*, worüber ich zu
Trin. 280 ff. gesprochen habe, V. 4. wo ich, was vielleicht nicht
nöthig war, dem Palatinus 73 gefolgt bin, und V. 7 und 16, wo
ich dort *nos* hier *nostris* gestrichen habe. So aber scheidet sich
auch hier die iambischtrochäische Partie von der anapästischen,
wie wir ein Gleiches in den beiden zuletzt behandelten Scenen des
Trinummus beobachtet haben. Und zwar besteht die erste Hälfte
aus elf Septenaren oder Octonaren (wegen der Auffassung V. 3—5
verweise ich auf Bergk in der Zeitschr. für die Alterth. 1850,
S. 338 ff; Studemunds etwas abweichender Ansicht a. O. S. 29 ff.
kann ich nicht beitreten, doch gehe ich hier auf die Differenz

nicht näher ein), denen sinngemäss als Clausel ein catalectischer
iambischer Dimeter angehängt ist, die zweite aus fünf catalectischen Systemen von verschiedener Grösse. Aber, wird mir vielleicht jemand, der bisher noch geduldig gefolgt ist, einwerfen, das
sollen anapästische Verse sein? wo bleiben da die Quantitätsgesetze, wie wir sie aus Ovid und Tibull und den übrigen Augusteischen Dichtern gelernt haben? Nun je, die Quantitätsgesetze der
Plautinischen Muse sind andere, als die der Augusteischen Dichtungs-
zeit. Sagt nicht selbst Cicero sogar von den Plautinischen Senaren,
sie seien so beschaffen, ut nonnunquam vix in eis numerus et
versus intellegi possit (Orat. § 184)? Und was von den Senaren
gilt, gilt nur in noch viel höherem Grade von den Anapästen.
Plautus Anapäste stehen von den gräcisierenden dactylischen Versen
seit Ennius gerade soweit entfernt, wie die dem Alterthum ent-
lehnten Metren Vossens, Hölderlins und Platens von den wirklich
auch in der Quantität antikisierenden Proben Conrad Gessners und
Joh. Clajus. Auf dieser Vergleichung, die sich mir früher bei der
Behandlung der in iambischtrochäischen Versmassen allein geschriebenen Partien aufdrängte, basiert meine ganze Arbeit; und sie,
die ich vor jetzt sieben Jahren am Schlusse meiner Plautinischen
Studien aussprach, findet eben durch die Cantica, die ich damals,
da ich meinen Kräften noch misstraute, noch nicht in's Auge ge-
fasst hatte, die meines Erachtens sichere Bestätigung ihrer Be-
rechtigung. Daher sage ich nun, wer hier im Plautus vorwärts kommen
will, hat mit treuem Sinn und strengem Fleiss die doch nicht so
verzweifelte Ueberlieferung zu studieren, um erst im einzelnen die
Eigenthümlichkeiten kennen zu lernen, die den in Anapästen schaffen-
den Dichter der vorennianischen Zeit, der noch nicht die strengen
Griechischen Quantitätgesetze kannte, von den Dactylikern der
augusteischen Periode scheiden. Mit Berufung auf das Gefühl,
allgemeinen, aus unvollständigen Beobachtungen abstrahierten und
dabei stets ungern die augusteischen Quantitätsgesetze aufgebenden
Sätzen ist hier nichts geholfen, um soweniger als ja auch sonst
die Erfahrung gezeigt hat, dass alle solche Sätze, die theils durch
Conjecturen gestützt, theils durch Annahme von bewussten Licenzen

der Dichter eingeschränkt werden, nicht durchführbar sind, sondern
dass immer ein Rest von nicht unter das Joch der selbstgeschaffe-
nen Gesetze sich fügen wollenden Stellen überbleibt, es sei denn
dass man der Ueberlieferung Gewalt anzuthun sich entschliesst,
und das meinte doch Gottfried Hermann wahrlich nicht, wenn er
sagte, nur ein kühner und gewaltiger könne den Plautus be-
zwingen.

Ich füge nur einige wenige Bemerkungen das Einzelne be-
treffend hinzu; V. 6 ist *magis* einsilbig zu messen vgl. meine Bemerkungen zur Lat. Lautlehre S. 13; der Proceleusmaticus wäre
hier ein Fehler. Ueber *monet, set hic, id et, viris* als Pyrrhichien
ist kaum noch etwas zu sagen, ich verweise nur auf Brix Einleitung S. 13 ff. *Soror* V. 7 gilt soviel wie eine Silbe, vgl. ausser
dem folgenden Vers noch V. 18, 34, 41. *Loqui* hat schon Fleckeisen als Pyrrhichius anerkannt s. Jahn's Jahrbb. LXI S. 42. Die
Betonung der Paenultima in *civibus* bestätigt das zu Men. 111 Ge-
sagte. Die Synizese in *injurias* rechtfertige ich weiter nicht. Die
anapästischen Systeme würden noch zu mancher Besprechung
Anlass geben, so z. B. V. 35, wo *colunt* Pyrrhichius ist, (was schon
Fleckeisen a. O. 41 andeutet), oder die Messung von *improbi* als
Dactylus, dann dessen Betonung auf der vorletzten Silbe wie auch
omnibus (s. zu Men. 111 und Trin. 242), doch beabsichtige ich hier
keine genauere Darstellung der Plautinischen Quantität, wie sie
im anapästischen Versmass sich gestalten muss, zu geben. Ich
bemerke nur noch einmal, dass die Differenzen von der Quantität
der iambischtrochäischen Partien nicht in irgend welchen dem
Dichter bewussten Licenzen bestehen, sondern im Wechselverhält-
nis des Lateinischen Wortbaues und des anapästishen Versmasses
begründet sind. Dass übrigens die anapästischen Systeme im
Plautus mit dem Parömiacus zu schliessen pflegen, zeigt auch

Stich. 319 — 321.

unde is? quid fers? quid féstinas? —
tua quód nil refert, né cures. —
quid istic inest? — quas tu edes cólubras.

Tu edes colu — bilden nämlich einen Proceleusmaticus, vgl.
Fleckeisen a. O. S. 39 ff.

Wie sich in jener Stichusscene die scheinbare Mannigfaltigkeit der Verse bei aufmerksamerer Betrachtung zur grössten Einfachheit gestaltete, so bin ich auch darüber nicht im Zweifel, dass nur Mangel an Einsicht in die Plautinische Prosodie und einige Glossen den Herausgebern hinderlich gewesen sind, um folgende Scene der Menächmen als in etwas bewegten, den Anapästen sich nähernden iambischen Septenaren geschrieben zu erkennen.

Men. 351—368.

sine fóris sic: abi nolo óperiri. intus pára, cura, vide quód opust.
sternite lectos, incéndite odores: múnditia inlecebra ánimost.   355
set úbi illest, quem coquos ánte aedes esse aít? atque eccum vídeo:
qui mi úsuist et plurúmum prodest. item hinc últro fit ut méreat,
potissumus nostraé domi ut sit. nunc éum adibo: adloquar últro.   360
animúle mi, mihi mirá videntur te hic stáre foris, forés quoi
pateánt magis, quam domus túa, domus quom haec túa sit. omne
                                             parátumst,
ut jússisti atque ut vóluisti, nequé tibist ulla mora íntus.   365
prandíum, ut jussisti, hic cúratumst: ubi lúbet, licet ire accúbitum.

Meine wesentlichen Aenderungen bestehen darin, dass ich *fiat*
V. 353 gestrichen habe, wie ferner den Zusatz eines Erklärers
amantium, amanti amoenitas malost, nobis lucrost; die letzten
fünf Worte sind wohl beigeschrieben in ähnlicher Weise, wie gerade auch in den Menächmen V, 6 sich ein Zusatz aus der
Mostellaria befindet. (In dieser Scene lese ich übrigens beiläufig
bemerkt V. 979: *nimióque edo lubéntius moltúm quam molitum
praébeo; moltum* wofür die Hdschrr. wieder *molitum* haben, ist die
alte Form für *multum.*) Ritschl's cäsurlosen iambischen Senar begreife ich nicht recht. Uebrigens die Aenderung 359 *ut mereat*
statt *meret* scheint mir schon die Syntax zu verlangen. Andere
Abweichungen von der Ueberlieferung oder von den Herausgebern
übergehe ich.

Von der Casina hat neuerlich Fleckeisen die fünfte Scene des dritten Actes in seinen kritischen Miscellen behandelt mit Hinzufügung der handschriftlichen Apparates. So dankenswerth letztere Zugabe, da Ritschl's Ausgabe in's Stocken gerathen zu sein scheint, ist, so wenig kann ich doch mit dem Resultat mich überall einverstanden erklären. Denn einerseits finde ich ungerechtfertigte Abweichungen von den Handschriften, anderseits entspricht die Auffassung der Metren mehrfach nicht der Ansicht, die ich über die Plautinische Composition mir gebildet habe. Dahin gehört z. B. die mir nicht begründet scheinende Annahme der beiden iambischen Senare V. 22 u. 23, in denen ich cretische Tetrameter erkenne, dann die Messung von V. 36 u. 37 als anapästischer Dimeter, für welches Versmass ich mich in dem ganzen Canticum gleichfalls vergeblich nach weiteren Stützen umsehe. Ich schreibe und messe die Scene, wie folgt.

Cas. III. 5, 1 — 84.

> núlla sum, núlla sum: tóta tota écidi:
> cór metu mórtuomst, mémbra miseraé tremunt.
> néscio unde aúxili, praésidi, pérfugi
> mi aút opum cópiam cómparem aut éxpetam.
> 5 tánta factú modo míra miris modis
> intus vidi, novam atque íntegram audáciam.
> cáve tibi, Cleóstrata, abscéde ab ista, óbsecro,
> néquid in té mali fáxit, ita pércita.
> éripite istí gladium, quaé suist impós animi. —
> 10 nam quíd est quod haec huc súbito timida atque éxanimata exíluit
> foras Párdalisca. — périi: unde meae usúrpant aures sónitum?
> respíce modo ad me. — ére mi quid tibíst? quid timidas? — périi. —
> quid peristi? — périi et tu peristi — ah, perii? quid tibi ...? —
> vaé tibi. — immo ístúc tibi sit. — né cadam, amabo, mé tene. —
> 15 quidquid est, elóquere mihi citó. — caput, pectus cóntine,
> face véntum amabo pállio. — timeo hóc negoti quid siet,
> nisi haéc meraclo se úspiam percússit flore Líberi. —

óbtine auris, amabo. — i in magnam málam crucem:
péctus, auris, caput téque di pérduint.　　　20
nám nisi ex té scio, quidquid hoc ést cito,
jám tibi istúc cerebrum díspercutiam. éxcetra tu,
lúdibrio quaé me adhuc hábuisti, péssuma. —
cre mi. — quid vis, mea ancílla? nimium saévis. — numero dícis. —
set hóc, quidquid ést, eloquere, ín pauca cónfer:　　　25
quid intus tumúlti fuit? — scibis. aúdi
malúm pessumúm, quod modo híc intus ápud nos
tua áncilla coépit hoc pácto exordíri,
quod haúd Atticám condecét disciplínam. —
quid ést id? — timór praepedít dicta linguae. —　　　30
possúm scire ego ístuc ex té quid negótist? —
dicám. tua ancillá, quam tuó vilicó vis
dare úxorem, ea intus . . — quid íntus? quid érgo? —
imitátur malárum malám disciplínam,
viró quae suo interminátur . . — quid érgo? — ah. —　　　35
quid ést? interémere ait sé velle vitam. —
gládium . . — hem, gladium? quid cum gladium? — hábet. — ei
　　　misero míhi cur cum habet? —
inséctatur ómnis hominés has per aédis
nec quémquam prope ád se domi sinit adíre:　　　40
ita ómnes sub árcis, sub léctis laténtes
metú mussitánt. — occidi hércle atque intérii.
quid íllist objéctum mali tam repénte? —
insánit. — sceléstissimúm me esse crédo. —
immó si sciás dicta, quaé dixit hódie —　　　45
istúc expetó scire. quíd dixit? — aúdi.
per ómnis deós et deás dejerávit
occísurum cum hác nocte quícum cubáret. —
men óccidet? — án quipiam ád te adtinét? — vah. —
quid cúm ea negóti tibíst? — peccavi. illuc　　　50
　　　dícere vilicúm volebam —
sciéns de via ín semitám degredíre —
numquíd mihi minátur? — tibi ínfesta sólist

plús quam cuíquam.   quam óh rem?   quia se dés uxorem Olympioni.
55 néque tuam nec suám neque viri vítam in crastinúm protolli.
ita huc missa sum tibi ut dicam, ab ea ut caveás tibi.   perii
                    hercle égo miser.
neque ést neque fuít me senéx quisquam amátor
adaéque misér. — ludo ego húnc sat facéte:
60 nam quaé facta díxi, omnia huíc falsa díxi.
era átque haec dolum éx proxumo húnc procudérunt:
ego húc missa súm ludere. — heús Pardalísca. —
quid ést? — est. — quid? — ést quod volo éxquirere éx te. —
moram óffers mihi. — át tu mihi óffers maerórem.
65 set étiamne habét nunc istúnc Casina gládium?
habét, set duós. — quid duós?   alteró te
occísurum aít, alteró vilicum hódie. — —
occísissumús sum omnium hóminum, qui vivont.
loricam induám me, optumum ésse hoc ópinor.
70 quid úxor meá? non adiit atque adémit? —
nemo aúdet prope áccedere. — éxoret. — órat.
negát ponere álio modo úllo profécto,
nisi se sciát vilicó non datum íri. —
atqui ingratiis quoi non vólt nubet hódie.
75 nam cur non ego id pérpetrem quod óccepi, ut nubát mihi?
illud quidem volébam nostro vílico. — saepícule peccas. —
timór praepedit verba. vérum obsecró te,
dic mé meam uxorem órare, ut éxoret íllam,
gládium ut ponat ét redire mé intro ut liceat. — núntiabo. —
80 ét tu orato.   ét ego orabo. — at blánde orato, ut sóles. set audin?
si efféxis hoc, soleás tibi dabo et ánulum in dígito aúreum
ét bona plúruma. — óperam dabo. — face út impetres. — eo núnciam.
nísi si quippiám remorare me. — abi et exora, Párdalisca.
rédit eccum tandem ópsonatu méus ádiutor, pómpam ducit.

Die handschriftliche Lesart hergestellt im Widerspruche mit
Fleckeisen habe ich an folgenden Stellen, V. 10 *exanimata* V. 11
unde meae usurpant aures sonitum, wegen der Betonung *undé*
vgl. Corssen II, S. 459 und Bacch. 634: V. 12 *die mi* ausgelas-

seu: V. 24 *saevis* vgl. Truc. 884 Gp.; V. 50 *ah* ausgelassen; V. 50 *dicere vilicum colebam*; V. 56 *id huc missa sum tibi ut dicam, ab eu ut curras tibi, perii hercle ego miser;* V. 80 *tu* mit Anerkennung des Hiatus hinter *ecorato*; V. 82 *ut*, also in neun Versen, was wohl meiner Restitution nicht zum Nachtheil gereichen wird. Dagegen habe ich V. 10 *subito* eingeschoben vgl. Ter. Eun. 642. V. 13 statt des überlieferten *aperi* geschrieben *ah perii;* V. 19 *magnam* eingeschoben; wie Fleckeisen aber in anderer Weise abgewichen bin ich: V. 8 *ita percita* mit Bothe statt *ira percita;* Fleckeisen schreibt *ira excita* mit Kampmann: V. 15: *caput, pectus contine* statt *contine pectus,* Fleckeisen hat *contine pectus caput;* V. 22 *excetra tu* statt *execrata,* Fleckeisen *tu excetra:* V. 59 *hunc sat facete* statt *hunc facete* vgl. Pseud. 1273, Fleckeisen *hunc nunc facete;* V. 69 *esse hoc opinor* statt *esse opinor,* Fleckeisen *hoc esse opinor;* V. 83 *abi et exora Pardalisca* statt *abi et cura Pa.* (der falschen Personenzutheilung) vgl. V. 80, Fleckeisen *non remoror. abi rem cura.*

So sehen wir denn in dieser Scene nur cretische und bacchische Tetrameter mit iambischtrochäischen Septenaren und Octonaren abwechseln, nur an einer Stelle, und da wohl durch die Selbstverbesserung des Stalino gerechtfertigt, er fällt gewissermassen mit dieser aus seiner sonstigen Rede heraus, habe ich eine Clausel statuiert, nach den bacchischen Tetrametern einen acatalectischen trochäischen Dimeter. Diesen belege ich nun ausserdem mit gleichen Beispielen in einer Scene des Pseudulus V. 1245 ff. Hier kann ich es nämlich, diesmal in Uebereinstimmung mit Studemund a. O. S. 83, nicht billigen, dass Ritschl V. 1250 die Ueberlieferung *hodiest. magnum hoc vitium vinost* verlassen hat. Gerade Einleitungen zu folgenden Auseinandersetzungen wird häufig eine Clausel angehängt, man vgl. z. B. Trin. 235 *ita faciam, ita placet;* Pseud. 138 *qui haec habent consilia;* 187 *advortite animum cunctae.* Um so weniger kann ich aber gerade für dieses Canticum Ritschl folgen, als, was gleichfalls Studemund richtig gesehen hat, V. 1272 *cordi atque animo suo obsequentes* dieselbe Clausel überliefert ist. Danach trug ich auch kein Bedenken in der Scene der Casina *dicere vilicum volebam* anzuerkennen. (Nicht zu rechtfertigen erscheinen mir dagegen Pseud. 576 *nam omnes res perinde sunt* und 579 *ita paravi copias*: ich messe sie mit dem zwischen ihnen stehenden Verse:

nam ómnes res perínde sunt, ut ágas, eas ut mágni facias,
jam ín meo pectóre ego prius itá paravi cópias.

Wegen der Verlängerung der Ultima von *ita* vgl. zu Trin. 235.) Das ganze Canticum des Pseudulus ist aber meines Erachtens noch bei Ritschl in vollständiger Unordnung; ich begreife nämlich nicht, wie der Sclav nach den Worten V. 1270 ff.

illós accubántis, potántis, amántis
 cum scórtis relíqui et meúm scortum ibídem
 córdi atque animo suo óbsequentes,

nun anfangen kann

 set póstquam exurréxi, oránt me id ut sáltem,

um dann später noch einmal zu sagen V. 1282:

 inde húc exii, crapulám dum amovérem.

Meiner Meinung nach muss V. 1270 ff. sich anschliessen an diesen Vers, dann folgt V. 1268 f.

hoc égo modo atque erús minor hunc díem sumpsimus prothýme
postquam ópus meum omne ut vólui perpetrávi hostibus fugátis.

Nun kommt V. 1283

nunc ád erum meum majórem venio foédus commemorátum,

denn nur so glaube ich, tritt der vom Dichter beabsichtigte Gegensatz des *erus minor* und *erus major*, der glücklich ausgeführten Handlung, die Pseudulus mit dem jüngern Herrn so eben gefeiert hat, und der noch von dem älteren zu erwartenden Belohnung in klares Licht. Dieser Zusammenhang geht ganz verloren, wenn die Tanzgeschichte dazwischen tritt. In metrischer Beziehung erscheinen mir ferner zwischen den sonstigen Tetrametern die beiden von Ritschl postulierten bacchischen Trimeter V. 1255 f. höchst bedenklich; ich fasse 1255—1257 als zwei trochäische Octonare, denen V. 1258 als Clausel angehängt ist: wegen des den ersten Octonar schliessenden *quam ob rem* hat man sich keine Sorge zu machen. In diesem Punkte muss ich Ritschl's Behauptungen in den Prolegg. zum Trinummus S. CCXCV f. entschieden entgegentreten; legt doch selbst die Horazische Poesie, soweit sie sich gleichfalls an die Sprache des täglichen Lebens anschmiegt, eher ein Gewicht für die gegentheilige Ansicht in die Wagschaale. Aber was ist überall mit solchen allgemeinen Sätzen, die nicht bewiesen sind, genützt? Dies vorausgeschickt, schreibe ich nun die Scene folgendermassen.

Pseud. 1246—1284.

quid hóc? sicine hóc fit? pedés statin ánnon?
an íd voltis, út me hinc jacéntem aliquis tóllat?
nam hércle si cécidero, vóstrum erit flágitium.
pérgitin pérgere? ah, sérviundúm mihi
    hódiest. magnum hoc vítium vinost: 1250
pedés captat prímum. luctátor dolósust.
profécto edepol égo nunc probe ábeo madúlsa:
ita víctu excuráto, ita múnditiis dígnis,
           ah,
itaque in loco festívo sumus féstive accépti.
quíd opus est me múltas agere ambáges? hoc est hómini, quam 1255
        ob rem
vítam amet, hic omnés voluptates, ín hoc omnes venústates sunt.
    deis próxumum hominem esse árbitror:
ubi amáns amantem cómplexast, ubi ad lábra labella adjúngit,
ubi linguis altera álterum manufésto inter se praéndunt,   1260
úbi mamma mammicula opprimitur ália aut se corpóra conduplicant.
    manú candidá cantharúm tum dulcíferum
    propinare amícissumám jubet amicam
    neque ibi ésse alium odiósum sibi nec moléstum
    nec sérmonibús morologís uti quémquam;
    unguénta atque odóres, lemníscos, coróllas   1265
    darí dapsilís nec vinúm parce prómi.
    víctu de cétero né quis quid mé roget.
    set póstquam exurréxi, oránt me id ut sáltem.   1272
    ad húnc me modum ílli intulí satis facéte:

enim ex disciplina, quíppe ego qui probe ionicam perdídici.

1275 sic pálliolatim amictus hac incéssi ludibúndus.

plaudúnt mi, ‚parúm' clamitánt, ut revórtar.

occépi hoc modó denuó volvi: idém fit.

amícae dabám me meae, út me iterum amáret:

ubí circumvórtor, cadó; nenia lúdo.

ítaque dum enitór, prox jam paene ínquinavi pállium.

1280 nímiae tum voluptáti edepol fui; ób casum datur cántharus.

commúto ilicó pallium, illut posívi:

inde húc exií, crápulam dum amovérem.

1270 illós accubántis, potántis, amántis

cum scórtis reliqui et meúm scortum ibídem,

córdi atque animo suo óbsequentis.

1268 hoc égo modo atque erús minor hunc diém sumpsimus prothýme,

postquam ópus meum omne, ut vólui, perpetr.vi hostibus fugátis.

1283 nunc ád erum meum majórem venio foédus commemorátum

aperíte, aperite. heus mé Simoni adésse nunti·ite.

Zur Rechtfertigung meiner im einzelnen bisweilen wohl etwas kühnen Restitution, jedoch machte sie der stark corrumpierte Text zur Nothwendigkeit, bemerke ich noch folgendes. Das nach V. 1253 überlieferte *ah* habe ich als Exclamation ausserhalb des Verses gesetzt, was bekanntlich nicht ohne Beispiel ist. V. 1254 ist *loco* als Pyrrhichius gemessen. V. 1257 ist als Clausel aufzufassen, den iambischen Dimeter habe ich hergestellt mit Benutzung des in den Handschriften nach *arbitror* folgenden *nam*, das ich aus *hominem* entstanden glaube. Im folgenden Verse habe ich das feminine *complexast* hergestellt, dafür spricht *labella* im Gegensatze zu *labra*, jene gehören der *amica*, diese dem *amator*, dann V. 1260 das überlieferte *altera*, V. 1261 der gleiche Gegensatz *mammicula* und *mamma*; die kleine Umstellung *amans amantem complexast* statt *complexast amantem* war nun durch das Metrum geboten und auch wohl sonst Ritschl's Versetzung des *ad* vorzuziehen; denn *ubi ad labra* ist ein ächt Plautinischer Proceleusmaticus. V. 1260 freue ich mich endlich die erste Silbe des grammatisch unerklärlichen *bilingui* durch die Umstellung als

Wiederholung der Ultima von *abi* erkannt zu haben. V. 1261 fehlte das nothwendige Object zu *conduplicare*, denn *corpora* muss Subject sein; ich habe deshalb *si* in *se* verwandelt und *lubel*, verschrieben für *jubet*, in den zweitfolgenden Vers als das den Acc. c. inf. regierende Verbum gesetzt, wobei ich bemerke, das V. 1262 und 1263 im Codex B nur eine Zeile bilden. In derselben Weise habe ich V. 1264 in zwei bacchische Tetrameter zerlegt, dann *alio* Dittographie von *alium* herausgeworfen und statt *esse ibi* umzustellen lieber für *odio ibi: odiosum sibi* geschrieben; *quemquam* endlich ist ganz passender Zusatz von Ritschl; wegen *ibi esse* vgl. zu Men. 111. V. 1266 bietet B *n enim parce promi*, ich habe vermuthet *nec vinum*, dem Sinne nach gewiss nicht verwerflich und auch wohl paläographisch erklärbar. V. 1277 habe ich vor *cetero de*, nach *quis quid* eingeschoben; auch der zweite Zusatz schien mir richtig, da dies Canticum kein weiteres Beispiel des cretischen Dimeters mit angehängter trochäischer Tripodie darbietet. Wegen der Beibehaltung von *me id* statt *med*, wie Ritschl schreibt, verweise ich auf Umpfenbach's Meletemata Plautina. (Gissis 1860), wegen der Umstellung *illi intuli* statt *intuli illis satis* V. 1273, die ich Ritschl entlehnt habe auf das zu Trin. 280 bemerkte, V. 1274 habe ich *Ionicam* geschrieben statt *Ionica*. V. 1276 habe ich statt *me* hinter *clamitant* nach *plaudunt* ein *mi* eingeschoben, wegen des Dativs vgl. Rud. 1250 *eis plaudier*. Am bedenklichsten erscheint mir die Restitution von V. 1277: B liest *occepi denuo hoc modo nolui. Idem*; ich habe *hoc modo denuo* mit Ritschl umgestellt, *volvi* mit der editio princeps geschrieben, endlich das vor *nenia ludo* zu Anfang der Zeile in B stehende *id fuit* hierhergenommen und dann für *idem id fuit: idem fit* conjicirt. *Iterum* V. 1277 f. schien mir die passendste und leichteste Ergänzung. Für *ubi* V. 1278 liest B *tibi*. V. 1280 erkenne ich mit Ritschl in dem am Schlusse gestrichenen *bibi* eine Glosse, doch habe ich den Pyrrhichius *datur* nicht anzutasten gewagt trotz eintretender Position. V. 1284 hat B *Simoni me adesse quis*, ich habe umgestellt und *quis* gestrichen.

Mag, wie gesagt, immerhin eine oder die andere Correctur zu

4

verwerfen sein, darin glaube ich im Rechte zu sein, dass ich auch in diesem Canticum die Verbindung cretischer und bacchischer Tetrameter mit iambischtrochäischen Septenaren oder Octonaren erkannt und herzustellen versucht habe.

Im höchsten Grade wunderbar erscheint auf den ersten Blick die Ueberlieferung der Schlussscene des Pseudulus, doch mache ich den Versuch möglichst ohne Textesänderung hier das Metrum nachzuweisen: dafür schien mir das einfachste einen jeden neu erscheinenden Vers mit besonderem Buchstaben zu versehen und alle Verse zu bezeichnen.˙ Die Personenabtheilung habe ich auch hier nur durch — angedeutet.

Pseud. 1285 —1335.

1285	A	vóx viri péssumi me éxciet foras.
	B	sét quid hoc? quó modo quid vídeo ego? —
	A	cúm corona ébrium Pseúdulum tuum. —
	B	líbere hercle hóc quidem, set víde statum:
1290	C	núm mea grátia pértímescit magis?
	C	cógito, saéviter blánditerne ádloquar.
	D	set hoc mé votat vim fácere nunc,
	A	quód fero sí qua in hoc spés sitast mihi. —
	D	vir m lus viro optumo óbviam it. —
	A	dí te ament, Pseúdule. fú i in malam crucem.
	D	cur égo adflictár? — quid tú malum
1295	A	érgo inructás in os ébrius mihi? —
	A	mólliter sústine mé, cave ne cadam.
	B	nón vides mé uti madidé madeam? —
	A	quaé istaec audáciast, sic interdius
	B	cúm corona ébrium incedére? — lubet.
1300	A	quíd lubet? pérgin ructáre in os mihi?
	B	su vis ructás mist: sic síne modo. —
	D	credo équidem potesse té scelus
	C	Mássici móntis ubérrumós quáttuor
	C	frúctus chíbere in una hóra. — hiberna áddito. —
1305	D	hau m le mones. set díc tamen;

C   únde onustám celocem ágere te praédicem? —

C   cúm tuo filio pérpotavi modo.

E   sét Simo, ut probe táctus Bálliost?

A   quaé tibi díxi, ut effécta reddidi;

A   jám ergo argentúm cedo qu´d dehibes mihi. —

E   péssumus homo. — múlier haec facit;

A   cúm tuo filio líbera accubat. —

A   ómnia ut quidque egisti órdine scio. —   1311

F   quid ergo dubitas dáre mi argentum? — jús petis, fateór: tene —

A   át negabás daturum ésse te mihi.

Die folgenden Verse, wie sie in den Handschriften vorliegen, scheinen, wie auch Ritschl annimmt, stärkere Corruptelen und vielleicht Versetzungen erlitten zu haben, ich fahre daher fort mit V. 1330.

C   núnquid irátus es aút mihi aut fílio   1330

C   própter has rés, Simo? — níl profecto. — í mecum hac. —

C   té sequor. quín vocas spéctatorés simul? —

C   hércle me isti haút solent. néque ergo ego istós voco.

G   verúm sultis ádplandere átque ádprob re

G   haec grégem et fabulam, in crastinúm vos vocábo.   1335

Ich verzeichne auch hier zunächst meine wesentlichen Abweichungen von der Ueberlieferung, an die ich mich übrigens, namentlich an die von B möglichst nahe anzuschliessen suchte; der Ambrosianus ist nur theilweise lesbar gewesen. V. 1286 habe ich *tu* nach *quid* mit dem letzteren gestrichen. V. 1291 habe ich wie die Palatinen; im Ambrosianus scheint *sed illi* den Vers zu beginnen. V. 1294 habe ich *me* gestrichen, *adflicter*, dessen erste Silbe rhythmisch verkürzt erscheint, statt *adflictor* bietet das Glossarium Plautinum. V. 1295 meine Umstellung statt der Ueberlieferung *ergo in os mihi ebrius inructas* schien mir durch den lesbaren Rest im Ambros. *in os ergo*, der auf Störung des Textes hinweisen möchte, einige Entschuldigung zu erhalten. V. 1297 folgte ich in der Aufnahme von *uti* für *ut* Ritschl. V. 1298 ist in B geschrieben *ista he caudacia site* für *istaec audaciast*. V. 1305 habe ich mit Ritschl die vom Sinne gebotene Umstellung Acidalius

aufgenommen. Dann bin ich von V. 1307 in der Folge der Ge-
danken ganz den Palatinen gefolgt, der Ambrosianus ist hier offenbar geringer zu schätzen. In *derides*, welches in dem Ambros.
ganz fehlt, schien mir ein Rest der vom Sinne (wegen V. 1314)
gebotenen Aufforderung des Pseudulus, dem die Weigerung Simos
péssumus homo folgt, zu liegen; ich habe *dehibes*, d. h. *debes* conji-
ciert und dann den Vers ergänzt. V. 1331 habe ich *mecum* eingeschoben, Ritschl *modo*. V. 1333 folge ich Ritschl, doch ohne
die unnöthige Umstellung *ego ergo*. V. 1334 ist die Schreibung
sultis von Seyffert a. O. S. 14 f., der auch das Metrum erkannt
hat, doch trenne ich anders, indem mir *gregem et* als Pyrrhichius
gilt. Dasselbe habe ich statuiert für *modo* V. 1286, *quidem* V. 1283,
set hoc V. 1291. *Fu* V. 1293 ist beim Plautus stets lang vgl.
Most. 39. V. 1299 habe ich *incedere* als Paeon secundus gemessen
und dann auch die Paenultima mit dem Ictus versehen, wie mir
auch richtig scheint Most 696 *voluit in cubiculum - abducere me
anus.* Ueber *potesse* V. 1302 als Tribrachys vgl. zu Men. 111.
V. 1312 messe ich *ordine* als Creticus mit Berufung auf das von
mir (Philol. IX. 673) durch V. 51, 346, 1090, 1152, 1162, 1210
vertheidigte *milite Macedonio* Pseud. 616.

Wenn es mir auch nicht gelungen ist, die ganze Scene zu
absolvieren, so wollte ich doch den von mir angenommenen regel-
mässigen Wechsel bestimmter Verse unter einander zur Anschau-
ung bringen; zuerst wechseln cretische Dimeter nebst angehängter
trochäischer Dipodie (A) mit cretischen Trimetern (B), dann folgen
zwei cretische Tetrameter (C); nun folgen abwechselnd Verse wie
A und iambische Dimeter (D). Darauf folgt in erweitertem Um-
fange der Wechsel von A und B. Jetzt ändert sich das Verhältnis; zweimal folgen auf D zwei C, dann ebenso zwei A auf je
ein E, mit welchem Buchstaben ich obgleich schwankend die ge-
doppelten trochäischen Trimeter bezeichnet habe. Vielleicht hilft
diese Spur anderen bei weiteren Restitutionsversuchen dieser oder
anderer Scenen.

Ich schliesse hier für jetzt meine Arbeit; mag nicht alles richtig
sein, was ich gebracht habe, einen kleinen Fortschritt glaube ich

angebahnt zu haben. Diese Anerkennung wünsche ich mir. Mehrfach habe ich Männer wie Bentley, G. Hermann, Lachmann, Ritschl bekämpfen zu müssen geglaubt. Aber nimmer fällt es mir ein den grossen Todten ihren Ruhm schmälern zu wollen, von früher Jugend bin ich von meinem nun greisen Vater, dem ich diese Blätter mit Sohnesdankbarkeit widme, und von meinem unvergesslichen Lehrer Schneidewin zur Achtung vor ihren Namen angehalten aber doch auch ihnen nie ohne Prüfung zu glauben. Und auch der noch Lebende möge es mir zu Gute halten, dass auch ich es gewagt habe um die Hand der von ihm wie es scheint verlassenen Plautinischen Muse zu werben.